## 沒有目標的那一年

# 我實現了理想生活

**內心渴望比計畫更強大！**

**「超前感受」夢想實現的喜悅，你的行動將完全不一樣**

伊莉莎白．古爾德

Elizabeth Gould

Feeling Forwards

How to become the person

who has the life you want

# 好評推薦

**東尼・羅賓斯——世界級潛能開發專家、《紐約時報》暢銷作家**

這本書會幫助你找到內在力量，克服難以置信的挑戰，大步向前。

**思莛（S編）——自媒體社群事業顧問**

從小我們就被植入凡事要做好計畫才會成功的限制性信念，導致忘了聆聽內在的聲音，不斷追趕著目標在過生活，進而沒發現眼前的目標其實是身邊家人給的、同儕壓力給的，又或是社會大眾標準給的，而非是自己真正嚮往的人生樣貌。

今年我開始臣服於內在指引，也就是書中所說的「超前感受」，不再刻意設定目標，放手讓生命之流帶我前進，才發現這樣的生活方式竟讓人變得更輕鬆富足，宇宙也會將我們所需要的資源帶到面前，這些經驗都讓我與作者產生諾大的共鳴！

若你也想知道「沒目標能過得更幸福」的祕密，這本書中就有你要的答案！

## 高瑞希（奶媽 Naima）——網路作家

一旦人類遇到困境，或想要追逐夢想時，在跨出第一步之前，絕大部分我們都會先懷疑自己、檢視自身能力能否真的做到，結果批判過頭，什麼事情都沒有開始。

每個人都需要看這本書，作者伊莉莎白・古爾德女士歷經被強暴、事業和家庭的挫敗到重生，靠的全部都是「超前感受」，說到底，這是跟一個人的信念有關，你發自心底深信你能擁有幸福，你就一定會有。

「相信自己的感覺」，這種論調容易被理性主義者駁斥，說根本是做白日夢般地不切實際，但本書會告訴你，「超前感受」其實擁有科學依據，且作者會舉出各種真實故事向你驗證，更重要地，她還會提供你練習方法。

我認為「超前感受」跟「空想」又不太一樣，當你經常觀想自己努力達成目標、最終實踐目標的美好畫面，你的靈魂深處都在時刻保持這種正念訓練，你就會下意識做出行動。

任何腳踏實地付出的關鍵，往往發乎內心，不是通過逼著身體硬要自律，那都不會持久。

當信念與感受先出來，你足夠相信自己，你就不會質疑自身能力，而是會抱持「凡事先做再說」的態度而行動，倒是在跌跌撞撞又埋首向前的過程裡，一步步抵達你所渴望的終點，得到心靈上的豐盛。

**Renee（葉妍伶）——未來鑄造空間創辦人**

身為《中文版豐盛冥想》和《老娘有錢》的製作人，最常被問到的問題就是「為什麼冥想就可以發財？」

這本書用淺顯易懂的科學實證和平易近人的真實故事提供了答案。

多數人想要求財，或是個案在催眠過程裡說他們不滿意目前的生活，覺得還需要更多錢才能住進理想生活裡，其實都是用腦過度、用心不足。腦子經常讓我們想著想著，就不斷列出成本和風險，強化了失敗的機率和代價，最後讓我們做出了最能保平安的決定——活在已知的世界裡。

我們不知道自己可以多幸福、人生多圓滿、擁有多少精彩的人生體驗，這種種未知都需要靠心念去創造，這本書會教你哦！

## 目次

## 第2章 你要忽視大腦的訊息 38



## 第3章 訓練你的心念 56

## 第6章 駕馭情緒的能量 108

# 作者序：你已經準備好了！

序言的初稿跟你現在看到的最終版本差異很大。我個人的故事原本隱身在後，彷彿我一邊分享有趣的故事，一邊站在舞台布幕的後方，羞怯地窺探台前的觀眾，主舞台上演著成功人士如何逆轉勝，教大家善用量子科學，透過扭曲時間來創造未來，以及善用情緒的力量，活出心中理想的人生。

我把序言和幾個章節的初稿，寄給兩位值得信賴的好朋友試閱。他們婉轉提醒我，讀起來好像教科書，不約而同建議我，多寫一些自己的故事。

我沒想到會聽到這種意見，但經過深思熟慮之後，完全能夠理解。我前兩本著作，分享我如何六度成功轉換跑道，創立成功的事業，甚至歷經致命車禍，從嚴重毀損的汽車殘骸逃出來。我也遇過歹徒闖入民宅，為了保護我兩名幼子，身受重傷，我也曾罹患癌症，失去健康、婚姻、家庭，不得不放棄我苦心經營的事業。我一次又一次，奪回自己的人生，再創造我期望的未來。

我聽了朋友的意見，不禁好奇，為什麼這本書不想再以個人經歷為主軸呢？我在彆扭什麼？我在抗拒什麼？

過了幾個禮拜，某天傍晚我寫到累了，窩在床上休息，滑一下臉書。我在朋友的臉書貼文看見「痛失」一詞，死者是一位男性，遭遇離奇車禍，我不認識死者，但我有好幾位朋友都在緬懷他。原來是這位大好人停下來協助車子拋錨的陌生人，沒想到兩人卻被另一台來車撞擊而失去性命。

每一篇臉書貼文都在頌揚他。我聯絡我們共同的朋友，當我聽聞那位好人和他救的人都死了，不禁悲從中來，崩潰大哭。我歷經多次危急關頭，差一點撒手人寰，所以我知道，當死亡迫在眉睫，心中會湧現哪些念頭和感受。當你的心開始擁抱死亡，再多的傷痕，也不會再痛了，猶如秋日的落葉，輕飄落地。人生走到最後，心裡面只有一個體會——有生，就有死。

我們每個人都是獨特而完整的人。

天空被夕陽染紅，天色逐漸暗沉，我好想鼓起勇氣，跟大家分享這份深刻的領悟。

我恨不得馬上聯絡我那悲痛欲絕的朋友，給他們滿滿的愛，告訴他們，每個人走到生命的盡頭，終會回歸平靜，所以無須擔憂。

隔天，我開始改寫初稿。這一次，我毫無保留。

你會閱讀這本書，可能是**不安於現狀**，急欲**創造期望的人生**。你會渴望改變，可能是自覺不夠完整，不相信你早已擁有轉化人生的能力。

其實，瞬間轉化人生的能力，你本來就有，只是你不記得了。

回想一下童年，你會假扮海盜、超級英雄、舞者、打火英雄、探險家、牛仔、王子、環保鬥士、億萬富翁或世界領袖！想一想扮裝的魔法：穿上逼真的服裝，改變聲調，說幾句台詞「飛向宇宙，浩瀚無垠！」，刻意擺動身軀，敞開雙臂奔跑，彷彿你正在飛，大口吃著你平常不會吃的食物。

**你本來就有能力改變自己，成為你期望的那個人，這是大家從小就會的！**

你小時候不用參加焦點團體，就知道想變成什麼超級英雄；你不用問父母親，就知道該在哪一隻眼睛戴眼罩；你不用參加三天僻靜營，就懂得在床底下打造奇幻的洞穴；

你不用在 Instagram 發問，就知道哪一種是最酷的超能力。反正，你就是知道該如何改造自我。

你不自覺運用量子科學法則，透過情緒來逆轉現狀，把你想像的未來化為真實。你運用「**超前感受**（Feeling Forwards）」來改造自我，完全出於本能。

你內心深處，至今仍有這種改造自我的能力！

大家一邊回想童年扮裝，一邊閱讀這段文字，現在肯定滿頭問號，不相信人生會這麼快轉向。人生哪有可能說變就變!?你可能覺得自己卡關了，目標達成不了，人生不如己意，夢想的未來遙不可及。無論做了多少規劃，做了多少犧牲，總會有你不想要也不應得的障礙來攪局，以致你一事無成，一個人孤零零。

我也曾經歷過這一切，但我有「**把想法成真**」的能力。

即使財產沒有增加的跡象，目標沒有實現的可能，我依然**感覺到**，我正在開展期望的未來。自從我為死亡做好準備，我就知道自己一切俱足，得以成為我期望的任何人。

在我人生最黑暗的時光，這一份平靜的領悟，始終支持我。

數十年來，我訪問無數人，透過擔任個人教練、演講、寫作、研究，探討人如何克服逆境。我不斷累積知識，從那些逆轉勝的人身上，發現一個特殊規律。那些人的感受和行為，跟他們所期望的未來同步，以免受制於當下的情勢。這本書結合我個人的經歷以及最先進的量子科學、神經科學、心理學實驗，還有全球思想領袖的看法。

超前感受是思考和感受的革命。從此以後，你不用刻意寫下待辦事項，也不用列出邁向目標的每一個步驟。你毋須拿過去來懲罰自己，也毋須把生活的不如意全怪到自己頭上。超前感受很簡單，只要把現在活成閃閃發亮的你，別再只是痴痴等待未來。

除了我，很多成功人士也會運用**超前感受**這一套流程，運用情緒的力量讓自己成為理想的自己，把自己的生活，過成自己所期望的一樣。無論你有什麼志向，比方自我成長、超越現狀、找到靈魂伴侶、改善財務狀況、成功創業、改變體態，第一步都要先掌握情緒的力量。

為什麼我要說「**超前感受**（Feeling Forwards）」呢？「Forwards」這個字，隱含了持續不停向前的動能。「超前感受」對人生的影響以及情緒帶來的激勵，都是無可限量！情緒的能量，無窮亦無盡。

**本書第一章至第五章**，我會分享科學實驗結果，證明情緒可以讓時光倒流和前進，不僅會改變電腦預設的結果，還會逆轉老化，降低犯罪率，加速自我改造等。至於**本書後半部**，我會列出超前感受的實際應用，介紹各種策略和步驟，還有真實案例，讓大家明白如何落實於日常生活，創造你期望的未來。

這本書偶爾會探討科學知識。我會把複雜的科學原理講得淺顯易懂，但這些內容主要是隱喻的功能。每一項科學實驗都在說故事，只是有經過科學的記錄、測量和編排罷了，讓大家明白「超前感受」對人類經驗的影響。這本書所引用的科學證據，猶如告示牌，我利用這些實驗來證明，再怎麼不可能的事，也可能成真。知名科學家都已經表明了，不可能發生的事，確確實實發生了。

坊間有關目標設定和技巧演練的書，往往會在各章節的最後，或者整本書的最後，列出一長串問題，鼓勵讀者自行思考，可是我反其道而行，把問題放在每個章節的開頭。這是在提供讀者線索，不經意地跟大家透露，在這場穿越時空旅行下的思考與感受的「原理」，如此一來，等到讀完整本書，你會一點就通。

恨不得馬上開始嗎？「超前感受」有別於其他的目標設定、心態激勵、冥想或觀想，請大家務必耐著性子，落實每日功課和對策。

我向大家保證，書中提到的觀念，無論再怎麼複雜，我都會解釋清楚。

握緊我的手。

一起向未來躍進吧！

本書獻給吉姆·奧古斯丁，
要不是你無比的熱情、溫暖的支持、堅定的祈念，
這本書根本不可能出版。

# 第 1 章

## 情緒會影響我們對時間的感受

- 你是否曾感覺，時間在某一刻彷彿靜止了？
- 你有沒有做過改變人生的決定？
- 你是否曾預知下一刻會發生什麼事？

想要預測未來嗎？那就去創造未來。

——亞伯拉罕·林肯（Abraham Lincoln），第16任美國總統

## 童年與「超前感受」的相遇

跟大家解釋「超前感受」，有點像在拆禮物，拆開一層又一層特殊的包裝紙。每次多閱讀一個章節，就會有更多資訊冒出來，你對於超前感受的觀念，將會理解更深，而後親自實踐。第一章簡述**超前感受**的概念，你會學習忽略大腦、訓練你的心、連結身心、逆轉現狀、駕馭情緒的能量、控制小我、擺脫冒牌者症候群等！你現在聽了，可能會嚇著，但其實每一章都有關聯，環環相扣。等你看完整本書，每天都會以超前感受的方式過生活，成為你心中期望的那個人。

好了，我們從頭說起吧！這是我跟**超前感受**第一次相遇。

我大約九歲時，第一次做了超前感受的決策。那一項決定，徹底改變我的人生，多次帶領我擺脫創傷，邁向勝利。我不是什麼人見人愛的九歲小女孩。我又矮又胖，牙齒不整齊，滿臉雀斑。爸媽堅持要我剪短髮，短到大人看到我，都會叫我「小老弟」。我想不起自己有什麼專長，唯一的優點是笑臉迎人。

我人生的轉捩點，發生在九歲時。當時我站在露天蔬果市場的走道上，還記得那天是週六，距離小販收攤時間還有半小時，小販紛紛降價大拍賣。我媽媽繞過一攤又一攤，劃掉一筆又一筆的待買清單，我有一點生氣，想說我媽幹嘛不早一點來市場，這樣就不用趕了啊！我抬頭望她美麗的臉龐，看見一抹煩惱的神情……我這才明白，我們為什麼要等到快打烊才來。

因為，我們太窮了。

我爸剛丟掉工作。如果可以在伙食上省點錢，對家計當然有很大的幫助。至今我仍記憶猶新，我站在一箱爛到發臭的高麗菜旁邊，發誓我這輩子一定要飛黃騰達，別讓孩子看見我連購買生活必需品的錢都沒有。我現在依稀記得，當我下這個決定時，有多麼熱切和堅定。

小孩子就是死腦筋，我死也不願意跟爸媽求助。我很愛他們，但我心知肚明，他們來新的國度建立家庭，做了很多犧牲。如果他們知道怎麼賺大錢，早就去做了吧？我也不好意思問別人，只好從我手邊的資源——圖書館找起。我把王子公主的故事，換成了名人傳記，我按照 A 到 Z 的字母順序，把書櫃上的傳記都讀過一遍。我深信，既然他們的生平可以寫成一本書，絕對有成功之處，而我看了這些故事，就知道該怎麼成功。

我拼命讀這些傳記，主角五花八門，包括演員、政治人物、集中營倖存者、探險家、商人、皇室成員或名人，有的還活著，有的過世了。只要他們的名字出現在封面，我就拿來讀一讀。往後十年，我每個禮拜閱讀一本自傳或傳記。當我讀完這些試煉、磨難和勝利，一種特殊的行為模式逐漸在我眼前浮現。無論這些主角是21歲或101歲，都是那一種行為模式。

每一本傳記絕對會描述主角，**想成為**怎樣的人，**想做**怎樣的事情，進而超越他原來的狀態。這些人物一律會力爭上游，深信其夢想不僅有可能性，還會付諸實現。這份感受完全不受挫折、阻礙、錯誤的起點、失敗、失望所影響。

每一個成功的人生故事，總會有一個關鍵的時間點，主角考慮要放棄，有人勸他放棄，或他決定要放棄。

但是，他最後並沒有放棄。

無論碰到任何困難，都堅持到底，因為他**感覺到**，現在再怎麼悲慘，仍可能迎接不一樣的未來。我讓自己沉浸在這些真人實事，是我這輩子做過最重要的決定，我發現人碰到困難，一定要勇敢面對，我永遠有機會創造期望的未來。

早在我出社會之前，這個信念就經歷無數殘酷的試煉。十七歲那一年，週六晚上搭我男友的車回家，我們開在市郊一條靜悄悄的馬路上，正準備拐彎，此時，有一輛車子高速轉彎，朝我們追撞過來。我只有三秒鐘可以反應。最後，男友和我從被撞得面目全非的汽車殘骸中爬出來，幾乎沒有受傷，卻眼睜睜看著那位司機倒在路邊，無論救護人員怎麼急救，他都無法甦醒，那段經歷實在太恐怖了，太嚇人了。

親眼目睹他人意外死亡的那一刻，對我衝擊很大。現在回顧父母當時的反應，似乎對我的痛苦不以為意。我一回到家，報告我發生什麼事，爸媽只叫我吞一顆止痛藥，早點上床休息。往後的日子，他們也從不鼓勵我訴說當晚的車禍，我只好回到圖書館尋求慰藉。從此以後，我的書單多了心理學的書。如果我的人生隨時有可能像那位司機一樣遭逢劇變而迅速劃下句點，我想要知道如何把握當下，活得更精彩。

## 用「超前感受」的方法克服逆境

接下來二十年，我的職業生涯從律師轉為管理顧問，再到企業高階主管。我婚後育有二子，並住在富裕郊區裡的豪宅。但是，在某個晴朗的週六早晨，一切毫無預警，陌生人尾隨我們進入家門，揚言要殺掉我的孩子，我雖然保住孩子的性命，自己卻身受重傷，而且歹徒還強暴了我。

這一年，醫生診斷我罹患乳癌，判定是惡性腫瘤。在強暴和癌症的雙重打擊下，我的情緒跌落谷底，婚姻也劃下句點。我身體狀況不佳，不得不暫時離開職場。

那段日子很可怕，心情經常陷入憂鬱，但我依然相信，美好的事物就在不遠處。這是只有我看得見的未來，正如同那些傳記裡的主角，也只有他們自己，能看見美好的未來。

一開始，**超前感受**只是在人生低潮時，我刻意套用在自己身上的感受模式。當時因為諸多的考量，我搬出跟丈夫同住的家，回去跟爸媽一起住。後來我太想要擁有自己跟兩個孩子的新家，所以帶著孩子一同尋找租屋處。

我七歲大的女兒剛上小學，我希望離學校近一點，但那個學區的房租貴翻了。我還記得，當時在我預算內的房子寥寥可數。我牽著女兒，抱著剛學走路的小兒子，繞過一間又一間骯髒破爛的房間，尤其是廚房，看得我心驚膽跳，櫥櫃老舊到塌陷，牆角有一堆灰塵、塵蟎和死蒼蠅。那一刻，女兒的小手突然握住我的大手。她望著我，神情不安，小小聲跟我說：「媽咪，我覺得這間房子很可愛，我們住在這裡一定會很開心。」

我的腦袋閃過小時候的畫面，媽媽趁著果菜市場小販快收攤時去搶便宜，我站在一箱快腐爛的高麗菜旁邊。而現在的我，步上爸媽的後塵，我賺的錢不夠多，無法提供孩子最好的環境。

我給自己一個深呼吸，看著我女兒不安的小臉，笑著說：「妳好貼心喔，但這間房子真的不夠好，還有更棒的房子在等著我們呢！我一定要找到它。」我在那一刻，內心充滿感恩，因為還有更棒的房子等著我們，雖然這番話毫無道理可言，但我的焦慮頓時煙消雲散。

不過，我必須強調一點，我不是什麼都不做，就等待美麗房屋自己出現！重點是，從此以後，我改變找房屋的目標，我不再尋找「付得起的房子」；反之，我要找的是，「未來想住的房子」。

兩個禮拜後，我們再去看一間房子，美不勝收！這是一間兩層樓的鄉村風格小屋，橡木地板亮晶晶的，距離我女兒的學校很近，客廳設有大理石堆砌的壁爐，飯廳有一盞水晶燈，從窗戶看出去是綠意盎然的花園，美呆了！而且沒有超出我的預算。

我趁著簽租屋契約時，隨口問了房仲，這附近怎會有如此便宜的房子。房仲說大家對這間房子興趣缺缺，有一位客人差點要租了，但就是不滿意樓梯。太妙了！我兩個孩子一直想住在有樓梯的房子，我想到這裡，不禁笑了起來。

我還在看房子時，始終覺得有一間完美的房子在等著我們，果然，我們成功搬家，住得很開心。難道我從此就一帆風順了嗎？才怪！我再度罹癌，動了八次手術，育兒的過程中，人生波折不斷。然而，我也在那一段期間，遇見我的靈魂伴侶、成為暢銷作家、講師、個人教練、祖克伯研究所（Zuckerberg Institute）全球領袖力學校的創校元老。我幸運活了下來，見證我孩子和繼子女的成長。

幾年後，我恍然大悟，我相信自己會租到美屋的感受，不就跟我五歲假扮海盜一樣嗎？這再簡單不過了！我在職業生涯聽聞的真人實事，以及我為了寫兩本書所收集的資料和知識，讓我強烈意識到——**感覺可以比思考產生更強大的能量**。我深刻體會到這些強烈的感覺會超越時間，甚至改變我們的大腦。這有什麼科學佐證嗎？我該如何向大家證明，超前感受可以影響人的一生？

## 為何感受比思考更有力量？

說到超前感受的觀念，首先我想聊一聊，感受**如何**帶領我們穿梭時光呢？感受**為何**有這種能耐？要不是有情緒的鋪陳，我們可是會在時光之流裡，漫不經心無止盡地遊走。無論你是什麼身分、住在何處，你是什麼種族或性別，你有多麼富裕、健康、有智慧，每天都只有24小時，可是一旦加入情緒，就會感覺時間不再是機械般流逝。舉例像婚禮是眾所期待的喜事，你會覺得時間過好快喔！反之，在寒冷陰鬱的冬季，每天要去公司上班，你會覺得度日如年啊！你想必有被記憶、聲音或氣味瞬間帶回過去的經驗吧？

當我年紀輕輕，還在當律師時，有一天清晨，我穿越城裡綠意盎然的花園區，決心要準時抵達法院。我滿腦子都想著工作，突然間，我聞到草坪傳來的青草香，還有花圃剛耙過土的大地氣息，忍不住停下腳步。我瞬間回到小時候開學第一週：懵懵懂懂的我，穿著磨腳的新鞋以及在腳踝邊飄揚的學生裙，我期待自己快快長大，當時的我頂著澳洲烈陽，也是聞著青草香和大地氣息。就在回憶和氣味碰撞的當下，我還聽見吵鬧的學童們對牆丟球，嘰嘰喳喳聊天的聲音。

我頓時**感覺到**過去。我原本趕著上班，步調匆忙，剎那之間，一切靜止下來，感官把我的思緒帶回從前，喚起我對深藏回憶的情緒。無論是聞到特殊氣味，或是聽到特殊曲子，你的潛意識會自動喚醒情緒，帶動你的心尋找意義。

這些記憶都準確嗎？情緒會不會扭曲記憶呢？

假設午休時，你巧遇一位老朋友，你們是大學同學，雖然沒有很要好，但至少有一定的情誼，值得停下來打聲招呼。就在你們寒暄時，朋友似乎分神了。他該問的問題都問了，包括你在做什麼工作？你見過哪些共同的老朋友？你住在哪裡？但你就是覺得，他的心思不在這。寒暄結束後，你忍不住想起這段巧遇。你覺得他交談時不夠投入，還刻意跟你保持距離，似乎不想聊太久。你覺得對方的行為有一點失禮，你們的感情已經不如往昔。

一個禮拜後，另一位大學同學來電，你們聊起那位巧遇的朋友，才知道原來他正處於人生的低谷：他哥哥罹患癌症，多次住院動手術。你不禁想起那天在街上閒聊，你**總算**記起來了，他身形有一點清瘦，眼角多了好幾道皺紋，你這才想起來，你們擁抱時，他動作有一點僵硬，臨別前還說：「我很抱歉，我在趕時間，但很高興遇見你。」

這兩種記憶，哪一個正確呢？兩個都正確！你是你內在主觀電影的編劇、導演、製片兼主角，你會依照你的喜好，自行定義你的遭遇，但這一次你回想那段相遇的過程，有了不同的感受，進而改變你回憶的細節。你當然不可能記得每一個小細節，所以會隨著當下的感受，**重新編造**回憶。當你重新編造回憶，你就是在**感覺回溯**（Feeling Backwards）。現在你改變了對過去事件的看法，重新對事件賦予正向或負向的觀感。這就如同超前感受，一切關乎個人的選擇。

現在先不談感覺回溯，我們來聊一聊超前感受。你本來就會在心中創造未來，每天連續想像好幾次。最常見的例子，就是規劃下週末的行程，還有你閒暇之餘，可能會考慮要穿什麼衣服，先想像未來的天氣，再回過頭想，你上次跟朋友見面，穿了什麼衣服。當你思考各種未來的可能性，你的思緒會在過去和現在來回穿梭。你光是決定要穿什麼衣服，這種芝麻小事本身，就是在創造你未來的外貌。

## 跟「超前感受」相關的實驗

我不禁好奇，讓人生迎向期望的未來，難不成就跟想像自己穿哪一件衣服，一樣簡單嗎？我想找到更多線索，真相絕對「就在那裡」。

果然！線索就藏在〈遠距回溯的代禱行為，對於血流感染病患的影響〉[1]（Effects of remote, retroactive intercessory prayer on outcomes in patients with bloodstream infection），這篇論文值得一讀，千萬不要被艱深的篇名嚇著了。

萊博・維奇教授（Leibovici）設計了一項實驗，找來一群發燒的重症病患，把病患名單隨機分成兩組，第一組名單上的病患，除了做正規治療外，並未接受額外的治療或關懷。第二份名單上的病患，有志工為他們代為祈禱，祈禱早日康復。實驗結束後，雖然兩組病患的死亡率差不多，但第二組病患的住院日程較短，發燒的日子也比較少。更驚人的是，這些病患是在一九九〇至一九九六年生病，卻是在二〇〇〇年才完成志工代禱。

什麼?!我說的都是真的，代禱者從未來穿越時空，影響過去的病人。無稽之談吧?!我查證過了，這份實驗經過科學社群再三的審視，結論毫無疑義，雖然研究結果有一點爭議性。

我看了這項實驗，突然恍然大悟。既然遠距的代禱或由衷的祝願，可以**穿越時空**影響過去，我們對自己**未來**的祝願，想必會影響我們的**現在**吧？這難道就是超前感受的奧祕嗎？把我們期望的未來，帶到此時此刻。

我不可能只看一項實驗就妄下定論，況且我好奇怎樣的念頭會影響未來和過去。我思索各種跟未來有關的情境。既然未來的代禱可以讓現在的你早日康復，你有沒有可能修改過去的考試結果呢？未來的修正有沒有可能穿越時空，去影響更早的考試結果呢？

這聽起來很荒謬，但是達里爾・貝姆教授（Daryl Bem）位於康乃爾大學的團隊做了一系列實驗，稱為「感覺未來（Feeling the Future）」[2]。這系列研究探討未來事件如何影響現在的反應，貝姆教授稱為「時間逆行」（time reversing）。他們總共做了九項實驗，其中八項實驗都證實了時間逆行的觀念。

其中一項實驗，主辦單位讓學生先看了幾個單字，並**測驗**學生記得哪些單字。接下來，學生要練習打字，這些單字是在**測驗前**由電腦隨機挑選的單字，沒想到學生記得最清楚的單字，正好是他們待會兒要練習打的單字。我沒有騙你！換句話說，電腦預選的單字，早就在未來**等候著**，竟然跟學生測驗時回想起的單字不謀而合。套句貝姆教授的話，時間逆行了！

另一項實驗❸，學生坐在兩台電腦前面，電腦螢幕會顯示影像，但會蓋著布幕。其中一個螢幕將顯示圖片（可能是色情圖片），另一個螢幕畫面全黑，學生要猜一猜哪個螢幕會顯示色情圖片。這依舊是由電腦隨機決定的，電腦會在學生送出答案後，隨機選擇讓哪一個螢幕顯示圖片，哪一個螢幕畫面全黑。

學生的選擇往往跟電腦的選擇不謀而合，這樣看來，學生似乎能夠**預知**是什麼圖片，**以及**會顯示在哪一個螢幕。我都好奇了，難不成這些學生常看色情圖片，不然怎麼會百發百中？這些實驗難道是超前感受的例證？

如果你懂得發揮超前感受的能力，能不能改變你對過去和未來的觀感呢？我相信答案是肯定的！

萊博・維奇和貝姆兩位教授的實驗結果太妙了！原來啊，當我們聚焦**心念**和**情緒**，就有能力逆轉現狀。那些感覺究竟是來自大腦，還是來自心靈呢？還是說，我們的心念始終受制於感覺呢？想不通吧？

別擔心，再怎麼複雜的概念，經過拆解之後，都會變簡單！你很快就會了解如何運用情緒來逆轉現狀。下一章會教大家，何時該忽略大腦的訊息，以及為何要忽略大腦。如果你還不太清楚感覺如何逆轉時間，這很正常。

路易斯．卡羅（Lewis Carroll）的作品《愛麗絲鏡中奇遇》（Through the Looking Glass），有一段愛麗絲跟白皇后的對話，白皇后聊到，愛麗絲其實可以活在自己的未來裡，但愛麗絲就是聽不懂。

「我不懂。」愛麗絲說。「我想不通耶！」

「這就是過著時光倒流的生活。」白皇后耐心的解釋。「我一開始也是有一點頭昏眼花……。」

「時光倒流的生活！」愛麗絲驚呼。「我倒是第一次聽到。」

「但是這樣做，有一個天大的好處，記憶會是雙向的。」

「我很確定我的記憶只有單向，我不可能記得還沒發生的事情。」愛麗絲說。

「只擁有過去的記憶，也太慘了吧！」白皇后說。

「敢問皇后陛下，您什麼事情記得最清楚呢？」愛麗絲鼓起勇氣問。

「這個啊，下下星期發生的事情吧。」白皇后漫不經心的說。

我可以明白愛麗絲的困惑，但白皇后說中了超前感受的精髓，等到你搞懂超前感受的概念，你會覺得更不可思議。

真實**總是**比虛構更離奇！

# 第 2 章

## 你要忽視大腦的訊息

- 你有沒有被雙眼欺騙的經驗？
- 你會忍不住重複某些負面的行為嗎？
- 你有沒有想改卻改不掉的壞習慣？
- 你想知道如何開發特定腦區嗎？

人腦是超級神奇的模式比對機器。

——傑夫・貝佐斯（Jeff Bezos），亞馬遜創辦人

## 你也有可能會撞上飛機

如果你開在高速公路上，有一架飛機朝著你撲過來，你會注意到嗎？你會來個大轉彎，躲過致命意外呢？還是會繼續維持車速，開在你原來的車道呢？

幾年前，一家位於加拿大薩克其萬省的保險公司，突然湧進一堆理賠案。這是因為一位輕型飛機駕駛遇上引擎故障，只好迫降在車流量最少的公路上。心急如焚的飛機駕駛，在公路安全降落後，隨即減速慢行，不料卻遭到汽車衝撞。一夜之間，當地的公路上，有無數汽車跟輕型飛機擦撞❶。警察調查這幾起車禍意外，忍不住詢問汽車駕駛人，為何不閃避飛機。

警察沒想到，竟有一堆駕駛人堅稱，他們到最後一刻才看見飛機，他們說自己安分守己開著車，猝不及防就跟飛機相撞了！怎麼會這樣呢？大飛機開著閃光燈，從你面前慢慢靠近，怎麼可能看不見？

汽車駕駛人一時看不見飛機，我完全能夠理解。人面臨危機或意外事件時，容易被大腦誤導。我的雙眼也曾經「失」明過，我就像那些漫不經心的駕駛人，差一點害家人身陷危險，當時我也懷疑，我的大腦是不是失靈了。

有一天深夜，傳來玻璃碎裂的聲音，我和老公都驚醒了。凌晨三點鐘，不可能馬上從床上跳起來，但很快就趕到廚房，看到了長椅旁邊的碎玻璃。沒有道理啊！門窗都緊閉著，孩子很快就入睡了。我腦袋昏昏沉沉，就在穿越走廊回臥室途中，我瞥見深灰色彎曲的尾巴，但一轉眼就消失在牆角。我還心想，「不可能，我們家又沒有養貓！」於是我躺回床上，一直深信著，我什麼都沒看見。

隔天早上，孩子上學去，我獨自在書房寫東西，趁休息時間，做一下家事，我拿著洗好的衣服，走進女兒的臥房，嚇得一動也不動。我先看到煙囪正下方的地毯，有一團暗黑色的污漬，隨即瞥見一隻大負鼠窩在書架的底層，正呼呼大睡中。我整個人都慌了，早上我女兒換衣服時，我有進來看看她，竟然沒發現負鼠或污漬。

我聯絡可靠的除蟲專家，請他們帶走負鼠，蓋好煙囪。等到我把污漬處理乾淨，總算有時間坐下來思索，為什麼面對突如其來的狀況，我的腦袋會失靈呢？我越想越興奮，可見大腦是有選擇性的注意力，這一點是不是可以好好發揮一下？

負鼠闖入我家時，我的腦袋傻傻分不清楚，什麼是真實的景象，什麼是我期待見到的景象。大家都沒想到安分守己開在路上，會有飛機突然冒出來；我也沒想到野生動物會在我家走廊逛大街。

你讀到這裡，想必會覺得「**如果換成我，我應該會注意到。**」如果我是讀者，八成也會這麼想！為什麼人腦如此不可靠呢？人腦何時會變得不可靠？我們有時候是不是該放下腦袋，才會有更好的結果呢？

沒錯！

## 測試你的選擇性注意力

一九九〇年代後期，有一項開創性的實驗，邀請學生觀賞一部傳籃球的影片，其中一支籃球隊穿著白色衣服，另一隊穿著黑色衣服。學生的任務就是計算有多少白衣人傳球，黑衣人就忽略不計。這部實驗影片還可以在 YouTube 搜尋到，名叫「丹尼爾・西蒙斯的大猩猩實驗」（Dan Simons Gorilla Experiment）或「選擇性注意測試」（selective attention test）[2]。你可以現在立刻找來看！

這項實驗的名稱，根本在洩題嘛！你有沒有發現，有個人假扮成大猩猩？學生初次觀看影片時，一半以上的學生都拼命計算白衣人有幾個，完全沒發現大猩猩在畫面出現整整九秒鐘。這項實驗的設計者丹尼爾・西蒙斯（Daniel Simons）和克里斯托弗・查布里斯（Christopher Chabris）將這種現象稱為「不注意視盲」（Inattentional Blindness）。當你全神貫注時，就算周遭有其他明顯的事物，你也會渾然不知。再不然，就是你**沒有刻意**注視，稍不注意就漏看了。學生壓根沒想到籃球賽會出現大猩猩，正如同汽車駕駛人沒想到飛機會開在公路上，因此對於那些視而不見的學生來說，大猩猩根本「不存在」。

回到這項實驗，如果早知道會出現大猩猩，你一定會看見。一旦**預先知道**一定會發生某事，你會刻意把注意力放在那上面，不太可能漏看。

後來這項實驗出名了，備受推崇，西蒙斯又設計另一部影片。這一次他想探討的是，如果大家知道大猩猩會出現，會不會更容易發現其他意外事件？換句話說，你早就知道這項實驗很刁鑽，你對於突發事件會不會更有警覺性呢？還是說，你會在大猩猩身上放太多注意力，以致忽略其他事物的存在呢？

這一次我不幫你了！超前感受是一場革命，有一些功課，你要自己完成！快去 YouTube 網站，搜尋「注意力錯覺」（The Monkey Business Illusion），親自觀賞這段影片，測試一下注意力。

你有看見嗎？我很樂意跟大家懺悔，我第一次也是**視而不見**，但我原本以為自己看得見。唉！驕兵**必**敗。我是不會跟你洩題的，快去找影片來看！

看了這項實驗，你知道何時該**擊敗**大腦的控制嗎？如果你發現大腦會推翻你試圖培養的好習慣，到底該如何克服呢？

## 大腦的區域像是三種動物

我們繼續展開科學巡禮，你將會明白為什麼光是放下大腦，就可以發揮超前感受的力量。

我們大腦最古老的部分，稱為爬蟲類腦（Reptilian brain），線索就潛藏在名稱裡❸。大家想一想，爬蟲類在動物王國扮演的角色：呼吸、吃東西、睡覺、狩獵、繁殖，淨是生物基本的生存本能。爬蟲類的身體光禿禿，沒有毛絨絨的毛皮，卻是超級強大的生存機器。爬蟲類腦除了擅長記憶，也愛重複過去記憶的行為，因此這個歷史悠久的大腦區域，具有保護作用，可以讓潛意識自動運轉，「確保」我們的存活。

這個**超重要**的觀念，待會再來深入討論，現在先繼續科學巡禮。

其次，我們比較晚發展的大腦區域，稱為哺乳類腦（Mammalian brain）❹，海馬迴這個特殊的大腦區域負責戰鬥、逃跑、情緒、荷爾蒙、睡眠、記憶儲存和分類，這也是憂鬱、恐懼、懷疑等情緒潛伏的區域。再來，逐步潛入我們最新發展的大腦區域「大腦新皮質」（neocortex，又稱猴腦），這腦區特別機敏，關乎覺察、解決問題、認知和創造力。

如果把這三個腦區比喻成野生動物，可想而知，這三隻動物並無法和睦相處，絕對會在我們的大腦大吵大鬧。如果把這三個腦區比喻成科技元素，爬蟲類腦好比打字機，哺乳類腦類似筆電，猴腦就像超級電腦一樣。

現在想一想，這三個腦區有多麼難以整合呢？其實，仍有整合的可能性，只是隱含太多的風險和不確定性。

## 為什麼你要忽視大腦的訊息呢？

主要是為了破除舊習慣。為什麼積習難改？為什麼新習慣難以養成呢？

當我們養成新習慣或改掉壞習慣，這時候會跟腦部信賴的範本互相衝突，就好比高速公路突然有飛機冒出來，你的大腦只習慣注意汽車、卡車和機車，即便你**有心**改變習慣，仍難以撼動爬蟲類腦故步自封的執念。

所有大腦機制都是為求生存，但爬蟲類腦奉行「不見棺材不掉淚」的路線。查爾斯・杜希格（Charles Duhigg）在他重要的著作《為什麼我們這樣生活，那樣工作？》（The Power of Habit）❺這樣解釋：

> 一旦形成習慣，大腦會停止參與決策。大腦會開始鬆懈，把注意力轉移到其他事情上。除非你刻意破除習慣，或者建立新習慣，否則舊模式只會不斷地持續下去。

如果大腦沒有鬆懈呢？大腦會有多努力過濾資訊呢？現在網路上可以查到超多資訊，人腦也可以儲存這麼多資訊嗎？人有沒有辦法吸收這麼多網路資訊呢？近期研究證實，人做得到！我們**只發揮不到**十分之一的腦容量。

如此強大的力量，平常都隱藏起來了，就連我們自己也沒發現。我們對身體和大腦的覺察微乎其微，一會要呼吸，一會要眨眼，一會想抓鼻子，我們不可能每次都覺察到。上一餐吃的食物，目前正處於哪一個消化階段呢？打嗑睡時，死了多少皮膚細胞？

這些都不是我們知道的範疇。就連十分鐘前把手機丟在哪，一時之間也想不起來呢！

每秒鐘潛意識會處理超過10,999,950位元的資訊，相形之下，每秒鐘意識只處理50位元而已❻。超驚人的數字啊！由此可見，大腦要懂得做選擇，從極大量的資訊中，只提取攸關當下身體生存的資訊。

假設你跑步趕公車時，刻意覺察各個身體功能，一時湧入大量的資訊，你肯定會招架不住：你抬起一隻腳，再抬起另一隻腳，往前走，穿越馬路前，看一看左右來車，這些盤算都會幫助你準時抵達。要是這些資訊都照單全收，你可能會趕不上公車，甚至還有可能被公車撞！每一個腦區都在努力篩選資訊，過濾跟生存沒有絕對相關的資訊。

我已經說了好多科學原理，說服大家唯有放下大腦，才可以培養大家期望的好習慣。好啦，我向大家保證，這些科學研究快說完了，**最後一個例子太完美了，證明人腦是威脅導向，而非利益導向**。人腦太會做比對了，進而克服人腦本身的結構性缺陷，確認人類的行為會不會有風險。研究團隊發現，人就算眼睛看不見，大腦仍「看得見❼」。失明的病患接受功能性磁振造影（functional Magnetic Resonance Imaging， fMRI），檢測過程中，有人跑來看看他，隨即走開了，視障病患被陌生人注視的當下，他大腦專門偵測危險的腦區竟然啟動了。怎麼會呢？原來是潛意識在作祟呀！如果身體有某個部位失靈了，大腦每秒仍可以處理腦內1,100萬位元的資訊，迅速完成比對。

## 在大腦創造新模式，聚焦於你想像的未來

第二章的章名是〈你要忽視大腦的訊息〉，畢竟培養新的生活模式，改變人生的方向，根本**不是**大腦的強項。你一定要擺脫大腦習慣的模式，如此一來，你才有可能：**實現你從未實現過的，完成你從未做過的，為大腦創造新的模式**。

科學天才艾伯特．愛因斯坦（Albert Einstein）這麼說：「如果你要解決問題，一定要拉抬到比那個問題更高層次的意識。」

後面幾章會繼續探討，超前感受是如何運用量子科學，**幫助你**發現大猩猩或公路上的飛機。當你掌握這個技巧，一下子就會打破舊習慣，改變你自己，但現在這個階段，

你仍要設法說服大腦，建立有助於你未來發展的新模式。如何讓大腦擺脫過去的舊模式，習慣去建立未來的新模式呢？這種能力會不會隨著年紀、心態或練習而進步呢？

兩年前，我參加一場非正式的海灘午餐聚會，同行大約有20人。那是產業界的活動，跟我老公的事業有關，我很樂意陪他去，反正我又沒有業務壓力，只要讓自己玩得開心。大家黃湯下肚，清涼一下，有些人就聊開了。我剛好碰到一位愛抱怨同事的賓客，他似乎在工作上遇到人際問題。

他抱怨：「他們年紀都太輕了！我只想跟超過30歲的人說話。」他越說越激動，還一邊揮舞他手上的啤酒杯說：「不到30歲的人，別想給我建議，我根本**不想聽**！」

我很欣賞他的慷慨激昂，但他的觀念似乎不太恰當。我藉故說要拿帽子，趁機離開了，但是他對於年紀的看法，一直縈繞我心。我不禁好奇，難道我們年過三十，腦袋會發生什麼神奇的事情嗎？難不成過了特定年紀，腦袋就會突然達到巔峰狀態嗎？果不其然，各個腦區會在不同的時期發展，如果你快要三十歲，或者已經過了這個黃金年齡，恭喜你！

有一份研究調查五萬多人，測試這些志願者的心智能力，年齡從青少年到70歲不等[8]。

神奇的是，幾乎每隔十年，腦部功能就會有新的發展。

- 腦部處理速度大約在18歲達到巔峰。
- 視覺工作記憶（記憶我們所見）大約25歲達到巔峰。
- 完整短期記憶大約在35歲形成。
- 詞彙能力會一直發展到60至70歲。
- 我們「讀心」的能力，大約在40歲趨於成熟，然後持續發展至60幾歲。

當你知道自己所處的腦部發展階段，千萬不要氣餒。**超前感受**的其中一個步驟，就是要發展觀想能力，讓大腦去想像未來。沒錯，這是有科學背書的。

我小時候很愛看《知識大全》（The Knowledge）這個電視節目，專門拍攝倫敦計程車司機克服一連串艱鉅的挑戰，進而勝任這份工作。倫敦計程車司機必須通過「倫敦知識大全檢定」，以查令十字（Charing Cross）為中心，方圓四哩內 **25,000 條**街道，還有紀念碑、教堂、公家機關、必去名店、電影院等。即便現在有 GPS，這項檢定依然存在，每個人至少要耗費四年苦心研究，才有希望通過「倫敦知識大全檢定」大大小小的考試。

科學家也對倫敦計程車司機感興趣，畢竟這些計程車司機花了無數時間，在倫敦大街小巷穿梭，潛心研究每一條街道，其實會促進海馬迴後側的發展，這部位專門調節記憶等腦部功能❾。這些想成為計程車司機的人，準備「倫敦知識大全檢定」時，無論年紀有多大，教育程度有多高，海馬迴都會穩定發展。

我把這份研究結果謹記在心（我語帶雙關），不禁好奇起來，當我們想像未來的事件，搞不好也可以像倫敦計程車司機，持續發展海馬迴的記憶區。若有這個可能，何不挑選一個你期望的未來，讓大腦專注於想像那個未來？

我有了這個點子，馬上回想我過去的經驗，然後去找資料。我那段最低潮的日子，一點也不風光，我遭到歹徒攻擊，還有一段抗癌的歷程，我這個人並不會把慘事過度美化。我跟大家坦承，如果我努力過了還是失敗，絕對會大哭一場。我每次面對新事物，或者世事不如己意，常會自我懷疑。可是，無論我當下發生什麼事，我始終相信，我熬得過去。難不成，這就是聚焦我所期望的未來，宛如倫敦計程車司機，久而久之建立強大的腦連結？

我擔心時間會療癒一切，特地去翻閱我之前的著作。我在《快樂的孩子在想什麼？》（Happy Children: Secrets of How They Think）寫下這段文字：

我結束所有的療程，另一側乳房仍有值得擔心的跡象，所以去年我決定把另一側乳房也切除。外科醫生建議我去看心理醫生，他堅持要等我看了心理醫生，再來預約手術，確保我不會後悔。我跟心理醫師諮詢時，聊到我罹患乳癌和遭到暴力攻擊的往事，心理醫師經過評估後，認為我清楚自己的決定，最後還祝福我早日康復。我說，我很滿意現在的老公，以及我這輩子發生很多快樂的事，最後說了一句，『我真的很幸運！』心理醫師聽了有一點驚訝，『妳某些遭遇確實滿幸運的。』我馬上反駁她，『不，我一直都很幸運，現在也是。』她露出懷疑的神情，夾雜著同情，我並不訝異她的反應，但我訝異的是，為什麼我經歷了這些，從未抱怨過『為什麼是我』，還始終相信我是幸運的人呢？

我重讀這段文字很感動，感謝自己在幾十年前，拼命閱讀自傳和傳記，不自覺在大腦建立新的模式，習慣去想像更美好的未來，來幫助自己度過難關。

於是，我繼續研究倫敦計程車司機，好奇他們如何發展海馬迴。我發現前側海馬迴會重新體驗往事，思考可能的未來，在心中書寫劇本。這難道是我閱讀自傳和傳記的成效嗎？我早已放下人腦以生存為主的模式，把心思放在未來的幸福嗎？

有一件軼事也燃起我的興趣。記者訪問一對雙胞胎，這對兄弟小時候有著類似的家庭背景和成長歷程，長大後卻有截然不同的人生[10]。一個過著成功幸福的生活，另一個無家可歸。記者詢問這兩人相同的問題：「你怎麼看待你現在的成就？」

成功的那一位回覆：「我別無選擇，我一定要自力救濟，否則我爸嚴重酗酒，還會虐待我們兩兄弟，如果我再不努力，追求更好的生活，我會步上他的後塵。」

無家可歸的那一位回覆：「我別無選擇，我爸嚴重酗酒，還會虐待我們兩兄弟，我這輩子注定要窮困潦倒，一點機會也沒有。」

雙胞胎兄弟的前者，把家庭背景跟成功的驅動力連結起來，至於後者，把家庭背景跟特定的失敗連結起來。

**這對雙胞胎決定未來時，用的是大腦呢？還是心呢？**大腦和心是一樣的東西嗎？大腦和心的定義，經過數百年的辯論，至今仍未有定論。現在大家逐漸有一個共識，認為大腦只限於頭顱，反之心包含了思想、感受、態度、信念和想像。心可以透過情緒和能力來轉化你，甚至轉化別人和世界。

學會訓練自己的心，搞不好會有用喔？

人生是心念的產物。——佛陀

# 第 3 章

## 訓練你的心念

- 你是否曾懷疑某件事不可能實現，卻仍對其深信不疑？
- 你是否曾換個心態做事情，竟獲得不一樣的結果？
- 你迎接挑戰之前，會不會刻意打扮或者改變外貌，為自己提振信心？

境隨心念而生，一念起，地獄可變天堂，一念滅，天堂可成地獄。

——約翰‧米爾頓（John Milton），英國思想家

## 訓練心念，讓期待超越現實

我剛生完第一胎時，總覺得這世上只有我無法把寶寶哄睡。好朋友聽了我過勞的慘事，滿懷同情。

「喔喔。」她深吸一口氣。「寶寶不睡覺，有可能是天才兒童唷！」

我心知肚明，這番話是「好朋友為了安慰睡眠不足的爸媽朋友，刻意訴說的勵志故事」。但是，我的思緒頓時飄到未來某一天，我可能接到極度興奮的科學老師來電，說他請全班練習使用「本生燈」做實驗，但我那個不睡覺的女兒，覺得操作本生燈太無聊了，直接為大家示範原子核分裂實驗。

好吧！這種事根本沒發生過。

真正發生的是，我成功運用巧思，設計並執行成功的實驗去訓練我的心念，忽視大腦對我的制約。當時我還沒想到超前感受，只是希望自己別再那麼疲憊。

有一天早上，我在辦公室附近等咖啡時，讀了一篇關於澳洲水手凱伊・科蒂（Kay

Cottee AO）的報導，她努力成為首位獨自航行全世界的女性，報導提到她最長的睡眠時間只有八分鐘[1]。我不敢置信，所以重讀好幾次。八分鐘！太扯了！我真不該抱怨自己睡眠不足，反而要認真研擬反制策略了。

我的寶寶過了周歲，仍會在凌晨兩三點醒來，希望我抱抱她。我還要趕在六點前起床通勤，途中把孩子送到日托中心，我老是憤慨自己每天半夜醒來，睡不到幾小時，我都還沒有睡飽就要起床了，自從我讀了凱伊・科蒂的報導，我試過各種鼓勵方式，都無法讓我女兒一覺到天明，那我只好從自己下手了。

隔天我採取不一樣的策略。很簡單！當我聽到寶寶半夜哭了，或者我哄完寶寶回床上睡覺，絕對不看時間。我哄完女兒，隨即在床上躺平。每天晚上都這樣做！你可能會為我擔心，這豈不是公然抽離現實嗎？相信我，這麼做，**真的管用！**我不看實際的時間，而是說出自己**期待的**時間。每次寶寶醒來，我會開心對自己說：「太好了！我可以睡到天亮了。現在肯定還沒11點，我還有好幾個小時可以睡。」無論我花多久時間哄寶寶，我都會這樣對自己說：「還好沒有耗太久，我迫不及待地想睡個好覺！」

你可能覺得我瘋瘋癲癲，但這個方法很管用！依照我學習的腦科知識，若我不管實際的時間，大腦就無法進行模式比對，指示我在什麼時間該有什麼樣的感受。反之，如果我看一下時鐘，發現是半夜兩點，我不用想都猜得到大腦會怎麼想，我可能會氣呼呼地說：「不會吧！我哄了幾個小時，明天絕對會超級累。」潛意識還幫我決定好明天的感受，我明天肯定會累個半死！

自從我採取「不看時間」的策略，大幅提升我的睡眠品質。雖然我的睡眠時間不變，卻不會一直覺得很累。

我至今仍無法一覺到天亮，只是原因不同了。我跟我紐約祖克柏研究所的同事有14小時的時差，如果凌晨要開電話會議，我半夜就要特地醒來，有時候不得不確認時間，但我仍會創造脫離現實的模式，比方我預計凌晨3點打電話，我2點45分就會提早醒來，對我自己說：「我講完電話，至少還有一小時可以睡。」況且我一掛斷電話就馬上入睡，那15分鐘之差對我意義重大！

我練習了一段時間，發現有一項科學實驗，證實我們可以訓練自己的心念，創造可信的現實，讓我們誤以為自己睡了多久。哈佛大學心理系教授艾倫・蘭格（Ellen Langer）執行一項實驗，探討人們對睡眠時數的**認知**到底有什麼影響[2]。第一組受測者的時鐘調慢一倍速度，第二組受測者的時鐘調快一倍速度，受測者睡醒之後，竟然都相信錯誤的時鐘，對睡眠時間有了錯誤的認知，更何況不是只有心這麼想，就連身體也相信他們自以為的睡眠時數，而非他們實際的睡眠時數。換句話說，這些受測者不自覺訓練自己的心念，無視外在現實，期待他們心裡想的會成真。

為了訓練你的心念，第一步要克服大腦不由自主的比對習慣，先不管大腦為你安排的生存模式，如此一來，你才會更貼近超前感受。

不過，我想澄清一下，超前感受並非「冒充直到成真」。反之，超前感受是感覺現在的你，正是你期望變成的那個人，善用情緒的力量來達成目標。你選擇看見什麼，將創造你的未來，這就是超前感受的一大基石。

## 訓練心的觀想能力，將想像成真！

當你放眼你期待的未來，熱心的大腦會在旁邊妨礙你，因為大腦需要的模式，必須跟既有生存策略相符。雖然大腦很需要固定的模式，卻分不清你是**真的在做**，還是你**想像你在做**！

愛德蒙．雅可布森醫師（Dr. Edmond Jacobson）探討如何讓人放鬆，發現了意想不到的事實❸。一九三〇年代，雅可布森發現，病患放鬆時，只要內心觀想著自己在散步，肌肉就會不由自主的緊繃，彷彿真的在散步。這個有違直覺的觀點，在當時驚為天人，現在早已融入運動、藝術、商業、演說的訓練中。這些年來，菁英人士紛紛在訓練心的觀想能力，這就跟實際的體能訓練一樣重要。

我再舉一個更日常的例子。假設我們要為這本書進行成人假扮實驗，我們都是（天生一流的）醫學實驗夥伴，一邊想像各種情境，一邊接受腦部掃描，我拿出一張異國奢華度假村的豪華泳池照片，請你想像自己正在現場愜意地游泳。既然我們是絕佳的實驗伙伴，你一定可以馬上跳上飛機，神遊你想像的奢華度假村，在泳池盡情享受！

有太多測試和實驗都證實，無論你想像自己在游泳，還是你實際在游泳，腦部掃描結果都一樣。如此簡單的觀念告訴大家，先放下大腦，再訓練心念。大腦要保護你，所以克盡職守，一直在做模式比對，提醒你哪裡做錯了，如果你開始「幻想遙不可及的夢」，大腦絕對會渾身不對勁，更別說放任你抒發渴望了。在心中想像從未做過的事，從未實現過的事，已經像施展魔法，肯定會嚇壞大腦。

但是，你在開創全新人生道路時，心的力量終究要凌駕於大腦。大腦遇到任何事情，總要找到固定的模式，還好心會打斷大腦，「不可以！我要換個角度想！」

## 違反直覺的三項實驗，證明心念會創造魔法

這有一點違反直覺，任誰都會不安。大腦內建無數的模式，讓你在日常各種情境，都不自覺沿用這些模式。假設你去醫院探望生病的朋友，在走廊看到一位穿白袍的男性

奔跑而來，你下意識猜他是什麼身分呢？你會猜他是醫生吧？你想像得到嗎？他其實是實驗室的工作人員，連跑數十公里，趕來見他性命垂危的母親。

假設你看到手腕打石膏的人，你會猜他手腕受傷了吧？你能想像嗎？他的手腕其實超健康，甚至一直變壯。布萊恩．克拉克（Brian Clark）在俄亥俄大學（Ohio University）做了一項非凡的實驗❹，29位志願者整整一個月，在他們健康無缺的手腕打石膏，有一組志願者每週五天，每天花11分鐘，全神貫注想像他們在收縮肌肉，另一組志願者不做任何事。一個月後拿掉石膏，有做「收縮」想像練習的人，手腕肌力竟是另一組的兩倍。

有人看了這項實驗，便覺得念力可以鍛鍊肌肉。我倒寧願認為，這是證明我們心念所提出的新想法，有可能凌駕大腦比對出來的模式。雖然手腕打石膏動不了，但你可以訓練你的心，重新看待打石膏的手腕，不再認為手腕打石膏就做不了運動，就進步不了。這項實驗破除視覺的證據，成功說服大腦，就算肌肉打石膏不能動，還是可以鍛鍊。我超愛這項實驗，如此簡單，卻充分證明心念會創造魔法。

大家先別急著取消健身房會籍，從此以後慵懶躺在沙發上，想像自己肌肉正在長大，畢竟，運動仍是好事一樁！我們何不運用相同的手法，創造全新的自己？光是訓練你的心，就可以瘦身或鍛鍊肌肉。

說到另一項實驗❺，調查波士頓地區84位飯店房務員的日常生活習慣，一開始發現大多數房務員平日缺乏運動習慣，於是把84位房務員分成兩組。實驗人員告知其中一組房務員，房務工作本身就是運動，有益身體健康，不管是吸塵、換床單、洗床單或打掃，就跟健身房器材一樣有成效，都在活動相同的肌群，但是另一組房務人員並沒有接收這類資訊。

實驗結束後，再度訪問房務員的日常勞動量。雖然他們在家和飯店的勞動量維持不變，有接收保健資訊的那一組房務員，明顯感覺自己生活更健康了，體態也有明顯的改變，體重平均下降10％，體脂肪下降0.5％，BMI也下降零點三五，另一組房務員則毫無變化。

體態變化的幅度並不大，並沒有雜誌標題那麼的聳動，但依然值得我們的關注，畢竟他們沒有做什麼調整，只是調整他們對工作的「觀感」而已，其餘的包括生活型態、飲食或運動量，毫無任何改變。

唯一改變的是，房務員工作的**心態**，**更重要的是**（這是超前感受的起點），房務員改變他們對工作的**感覺**，他們感覺到，這份工作會改善健康，於是真的變健康了！

## 訓練自己的心，聚焦心之所向

既然我們有可能訓練心，這跟童年的扮裝遊戲有什麼關係呢？到底是扮裝遊戲有用呢？還是年紀小的緣故？

我一直滿好奇小孩子的想法，早在我當媽媽之前，就有這種興趣了。我想知道人如何克服阻礙，改造自我。有一次搭電車遇到一位小女孩，我這段經歷至今仍記憶猶新。那時正值寒冬，冷颼颼的天氣裡，電車內沒暖氣，大家都想趕快回家，有一位媽媽帶著大約九歲的小女孩匆匆上車。那個媽媽穿著套裝，手拿公事包，一臉疲憊，我當時心想：

「這就是所謂的職業婦女吧？看起來很累。」我的腦海中，突然閃現自己未來的場景。

總之，那個媽媽安全上了電車，她女兒也勉強趕上，但電車發動時，她差一點跌倒。小女孩面露恐懼，一時沒站穩，所幸及時抓住柱子，所以沒有跌跤。她頓時轉悲為喜，露出燦爛的微笑。她高興地跟媽媽說：「我真幸運耶，竟然沒有跌倒！」

我看得入迷。這女孩的神情在閃耀，她差點就要跌倒了，然後靠著自己的力量，把一切化為正向的經驗。我不禁好奇，她媽媽的教養方式，究竟有什麼獨到之處呢？但我隨即換一個想法，說不定這是小女孩自己養成的呢！

幾年後，歹徒闖入家門，把我打成重傷，我開始撰寫《快樂的孩子在想什麼？》，又想起了那位小女孩❻。歹徒闖入的意外，最令我痛苦的絕非我的遭遇，而是讓孩子眼睜睜看著我發生慘事，而逐漸喪失童真。事發之後，我拼命到書店尋找親子教養的專書。我該如何讓孩子明白，縱然他們親眼經歷恐怖的事情，這世界依然是一個美好的地方？我翻遍書架上的書本，沒想到有一堆心理學家的著作，都在探討兒童心理問題。也對啦！如果你家的孩子幸福快樂，根本不會帶他去看心理醫生。然而，這些育兒建議和兒童教養專書，都是為了糾正孩子的錯誤，而非稱頌孩子的美好。我怎樣看都覺得不對勁。

丹尼爾・高曼（Daniel Goleman）在大作《EQ：決定一生幸福與成就的永恆力量》（Emotional Intelligence）❼寫了這段話，我再同意不過了：

「心理學研究主要鎖定人的偏差，包括憂鬱和焦慮等，卻忽視人的健全。人類正面的經驗以及良善特質，幾乎很難在心理學研究看到。」

我決定自己寫一本育兒書，我不探討問題孩子，而是探討身處逆境仍從容自若的孩子。有些孩子懂得轉換念頭和感覺，讓自己擁有期望的未來！我先找老師和學生幹部（而非家長）聊一聊，研究各種家庭背景的孩子，這些孩子遭受過霸凌，卻過得比許多同儕更「幸福快樂」。

我訪問這些孩子，發現他們之所以心態正向，是因為懂得訓練自己的心，一來聚焦於心之所向，二來避免去關注身不由己。他們並非忽略現實，也並非逃避討厭的人事物，反之，只是刻意挑選情緒的焦點所在。

我最喜歡莎士比亞的一段話了：

「事情並無絕對的好壞，思維造就一切。」

我會想起這段話，是因為訪問一位小女孩，她刻意強調「我是否幸福快樂，是我自己決定的」。

我無法理解別人的腦袋瓜在想什麼，就連我自己在想什麼都是謎。我訪問那些孩子，是為了探討他們如何做到心念聚焦，刻意選擇自己的世界觀，然後透過實際的行為，來強化他們做出的選擇。

縱然被霸凌過，縱然會害怕面對新挑戰，但依然相信世界是美好的，看見裝了水的杯子他們會認為「一半是滿的」，而不會想成「一半是空的」，這一切都是持續聚焦心念的結果，跟倫敦的計程車司機有異曲同工之妙。這些孩子都相信，世界觀是自己決定的，進而從情緒鼓起勇氣，勇敢面對潛在的人生問題，絲毫不會感到無助或無望。

## 從逆境中改造自我，關鍵在於情緒的力量

如果你聽過我的演講，聽過我的 Podcast「超前感受（Feeling Forwards）」，想必知道我喜歡分享的是，如何在人生逆境中改造自我。我不認為有人天生就「比較堅強」，或者體內有擅長「面對逆境」的基因。每次大家聽完我的演說，總會跑過來對我說，「妳一定很堅強」，我聽了很感動，很感謝聽眾這麼說，但人生一連串的災難教會我的是，沒有人天生就特別有情緒力量。你怎麼想事情，一切都是個人抉擇，你怎麼**感受**，也是個人抉擇，只可惜市面上的個人成長專書，總是把焦點放在大腦和心，卻忽略情緒的重要性。

情緒的力量到底有多大？真的可以創造你期望的未來嗎？想一想童年扮裝遊戲，不就是立刻變身自己最愛的超級英雄嗎？你可能心想，「那時候還小，無憂無慮，隨時可以變身超級英雄啊！童年生活很幸福，反正不用上班！小時候的生活容易多了，但現在長大了，凡事都有可能出錯！我長大了，不可能再玩扮裝遊戲了，我有壓力，有家要

養，有工作要做，新公司剛起步，健康也亮紅燈。我不可能再閉上眼睛，立刻召喚我的內在超能力。」

我聽到你的心聲了，完全可以理解。我們一起看下去，你會發現超前感受超容易實行，包括重新連結那一個完整的你。我已經拜託過大家，務必等到最後幾章再來練習超前感受，但我先來預告後面幾章的內容，我迫不及待要跟大家分享，大人也可以玩扮裝遊戲，人生將會有特殊的改變。

麻省理工學院（Massachusetts Institute of Technology，MIT）有一群預官訓練團的學生，大多夢想成為飛官，受邀參加研究❽。實驗團隊先測試學生的視力，再把學生分成兩組，讓他們操作飛行模擬器。

第一組學生穿著飛官的制服，無論是思考的模式，講話的語氣，行為的模式都要模仿飛官，甚至操作油門、磁羅盤等儀器，就像開飛機似的。第二組學生就沒有這種規定，只要穿著便服。

當學生坐在飛行模擬器，從駕駛艙會看見四架飛機逼近，每一架飛機的機翼都有標示序號，而且就跟視力檢查表的字母一樣小，每位學生的任務就是說出完整的序號。

第一組學生的穿著和動作完全模擬飛官，結果視力比實驗之前大幅進步。第一組在扮演飛官之後，每十位就有四位學生，視力進步了，反觀第二組**沒有半個人**視力進步。

後來，實驗團隊再做一次測試，這一次還特別激勵和指示第二組同學，比方自己預先做一些眼睛練習，再來觀看四架飛機的序號，結果還是一樣，第一組同學的視力進步幅度，仍大勝第二組。

**這個例子充分證明了，心可以讓我們變成期望的樣子。第二組同學的視力始終進步不了，無論他們再怎麼有信念，無論別人再怎麼激勵他們。第一組同學感覺自己就是飛官上身，澈底變身成飛官，進而提升視力，外表、行為和感受全然是飛官的樣子，飛官怎麼會視力不好呢？**

> 大家有悲慘的下場，總是先怪境遇。我才不相信什麼境遇。那些成功的人會主動尋找他們期望的境遇，如果找不到，他們就自行創造。
>
> ——喬治・蕭伯納（George Bernard Shaw）

# 第 4 章

## 連結你的身心

- 你是否曾經有一段時間，相信壓力會令人生病？
- 有沒有什麼活動、歌曲或地點，可以讓你瞬間找回年輕的感受？
- 有沒有什麼新聞報導或網路文章太驚悚了，你真希望自己「從未看過」？

身心並沒有分開，而是一個整體。我們的行為、所思、所食、所感受的一切，都跟我們身體的健康密切相關。

——伯尼·S·西格爾（Bernie S. Siegel），美國小兒外科醫生

## 心理年齡影響生理年齡

假設你前往鄉間的私人小旅館，參與一項實驗。你打開車門那一刻，內心有一點遲疑，但仍硬著頭皮，背著未來幾天要穿的衣物，走向旅館入口。實驗規定你不可以攜帶電子產品，所以沒帶手機、筆電。你身上也沒有顯示日期的物品，包括雜誌、日曆和報紙。

當你走進旅館，你目瞪口呆，整間旅館布置得像電影場景，宛如回到二十年前。大廳擺放著二十年前的報紙和雜誌。旅館播放的也是二十年前的音樂。

旅館老闆笑臉盈盈，再次跟你說明實驗規定，你必須仿效二十年前民眾說話的方式，只可以跟其他旅客暢聊二十年前發生的事情，彷彿正在發生這些事情。你全心投入這項實驗，過不了多久，你會哼起遺忘許久的老歌。旅館沒有鏡子，你無從得知自己看起來是幾歲，也不會想起這一切都是假裝的。受測者一律要遵守相同的規定，此時此刻，就是二十年前的時空，所見所聞全是二十年前的新聞、聲音、景象、背景，創造出令人振奮的青春活力和迷人風采。

過了懷舊的週末，你回到真實世界，量測體重、視力、聽力、靈活度、抓握力、力道、柔軟度、記憶力、認知能力（你在接受實驗前，也做過相同的健康檢查）。發現你的生理年齡竟然年輕了幾十歲，想必你欣喜若狂吧！你不僅長高了，抓握更有力了，聽力和視力都變好了，感知能力大為進步。

這間讓人回春的旅館在哪啊？我可以去住嗎？真希望大家可以一起去，只可惜沒開了。一九七九年艾倫．蘭格（Ellen Langer）教授的團隊，招募兩組人馬，都是年紀在70歲左右的人，大家一起住到鄉間歷史悠久的修道院❶。

一進入修道院，周圍全是一九五九年標誌性的物品，包括老舊的報紙、時代雜誌、黑白電視、老式收音機，播放當年的電視新聞和電影。這兩組受測者分別遵守不同的實驗規定。

第一組要仿效一九五九年民眾的說話方式，用心聆聽每一場運動賽事，細心觀賞每一則新聞，彷彿前所未聞。第二組把一九五九年當成美好的往事回憶，互相討論和緬懷，回想自己在當年的快樂回憶，但是心裡很清楚，自己身在一九七九年。

第一組人馬抵達修道院後，就開始想像自己年輕20歲，自行拿行李上樓，完全靠自己的力量，即使一次只拿得起一小樣東西！旅館內沒有鏡子，沒有人穿現代服裝，也沒有現在的照片，只有他們在一九五九年拍攝的照片。

五天後，這兩組的體力、手部靈活度、步伐、感知、記憶、認知、味覺敏感度、聽力和視力都有進步。但是，這兩組難道沒有差異嗎？第一組沉浸於過去，第二組只回憶過去，第一組應該有更顯著的回春效果吧？第一組讓自己活在一九五九年，大多數人最後的檢測成績，都比第二組只回憶過去進步更大。實驗團隊在事後募集志願者，觀看第一組成員實驗前後的照片，志願者都覺得這些人的生理年齡年輕了好幾歲。

這項實驗意不在尋找青春之泉，卻透露了超前感受的關鍵元素。第一組假裝自己**活在**一九五九年，第二組只趁著住宿期間回憶甜蜜往事，可見得第一組完全沉浸於過去，**成為**那一個年輕的自己。

## 心的能量影響身體健康

一九七九年，身體與心靈的連結性仍是很新穎的觀念。艾倫・蘭格、坎達絲・珀特醫師（Candace Pert）和迪帕克・喬布拉醫師（Deepak Chopra）等重要思想家，完成許多開創性的研究和著作，向外界證實身體與心靈的連結性。雖然這項旅館的實驗是在數十年前做的，但近期也有類似發現的新研究。

近期這份新研究鎖定的對象，年齡介於59至84歲之間。那一些感覺自己還年輕的受測者，記憶測試成績較為優異，身體也比較健康，也不容易憂鬱❷。更重要的是，這些人接受磁振造影檢測（Magnetic Resonance Imaging，MRI），也確實擁有較年輕的腦部結構。

我讀到「回春」旅館的研究時，我當時的狀況跟現在判若兩人。十多年前的我，身心連結情況不太好，不僅沒有回春，身體還罹患癌症。我回顧過去，終於明白我為什麼會罹患乳癌。一切都跟能量有關係。

我說出這樣語重心長的話，一定要先跟大家聲明。我這個言論、這個章節或這本書的內容，並非說癌症是自找的，或者癌症病患刻意把癌症帶到自己生命中。我一點也不想罹癌啊！但後來發現我那段創傷的經歷，終究導致我罹癌的可怕結果。我實在不願回顧往事，把那段遭遇寫出來，可是我真心覺得，那段遭遇會幫助其他人，只好硬著頭皮寫下去。

那件事發生在某個週六早晨，我帶著兩個孩子散步完，打開我家大門，一個陌生人尾隨進門。我求他放過我們，甘願把任何有價值的東西都給他，然而他就是不走。

他不為所動。接下來十五分鐘，他把我甩到牆邊，扯爛我的羊毛衣、T恤、內衣、牛仔褲，不斷抓我去撞門。更糟的是，我求他放過孩子後，我就不省人事了。

後來另一半突然返家，把歹徒趕跑，但惡夢並沒有結束，而是進入新的階段。警方為了找到歹徒，展開地毯式搜索，我永遠忘不了，當地的警察義務加班，不放過任何線索，等到嫌疑人像拼湊完成，那位歹徒竟然主動送上門，向警方自首。

隔年，司法程序一拖再拖，帶來了新的惡夢，每隔幾個月，歹徒的辯護律師就會透過警察聯繫我，宣稱一切都是我自己在造謠，根本無法證明他有意殺害我的孩子，更何況性侵犯的 DNA 鑑定結果也沒有說服力。他的辯護律師一再「鼓吹」我，快點放棄死亡威脅和強暴的控訴，否則還要上法庭交叉詰問，但我始終拒絕，我說，無論要付出多少代價，我都會上法庭，重述當天的情況。

一年後，他的辯護律師改變策略，歹徒直接承認他的罪行。雖然我的內心感覺事情告一段落，但我的身體並不這麼想。我依然保有一份全職工作，試圖回歸正常的生活，可是總覺得不對勁。那時候，我染上嚴重的成人水痘，痛苦難耐，在床上躺了幾天，終於好轉一些，但我就是靜不下心。在家休養期間，我決定把深色木門和窗框都漆成白色。我油漆時，感覺自己更有力氣，可以重返工作崗位了。我就在水痘康復後幾個月，被診斷出罹患乳癌。

我並不訝異。這之間存在著可怕的因果關係。我遭到歹徒攻擊時，我罹患癌症的部位剛好也有受傷，從此我對那個身體部位的感覺變了。雖然我的心沒有仇恨（但我會永遠記得那個歹徒），可是那段遭遇永遠無法從心裡抹滅。

我回顧過去，感覺跟碧雅翠絲・波特（Beatrix Potter）的《母鴨潔瑪的故事》（The Tale of Jemima Puddle-Duck）有異曲同工之妙，母鴨聽了狐狸先生的話，雀躍的搜尋香草，殊不知是待會要把她燉成佳餚的食材。我把大門和窗框都漆成白色，整個家更明亮了，卻無法掩飾我的創傷，我和另一半的關係裂痕日益擴大，我的孩子親眼目睹不可思議的暴力行為，在他們的內心留下難以抹滅的創傷。

我診斷出癌症，隨即明白了，我平時不太跟身體溝通，我明明該好好聆聽身體的聲音，卻對身體大聲斥喝。身體一直傳遞訊息給我，包括長水痘，希望我多關照它，我卻任憑思緒飄遠。我太急著跟孩子重建安全的生活，卻忽視自己孤寂的感受。

我罹癌之前，從沒想過要重新調配自己的時間和精力。後來回頭看，心想如果我多休息，少油漆，搞不好就不會發生這一連串事情。我這樣事後諸葛，果然徒增煩擾。

我走到現在這一步，心懷感恩，終於在罹癌後十多年，寫下了這些文字。我罹患癌症之後，才確定我內心有多哀傷悲痛，為什麼我的癌細胞會長在乳房，而非其他身體部位？更重要的是，雖然我有這些遭遇，但我知道我早已具備自己所需的一切力量。

## 潛心研究成功抗癌法，卻發現超前感受的要素

我休養時，開始好奇我面對癌症的方式，跟其他癌症病人究竟有什麼不同，於是我開始潛心做研究、調查和訪問，寫了我第一本著作《成功抗癌者的5個祕密》（Secrets of Cancer Survivors）[3]。

我從成功抗癌者身上，發現了超前感受的所有元素，尤其是以下三個祕密，跟超前感受完全不謀而合：

- **控制你接收的資訊**
- **隨心所欲**
- **找到你生命的意義**

我採取控制資訊的策略，也在其他成功抗癌人士身上印證。我還沒讀過回春旅館實驗之前，我早就知道我接收的資訊，絕對會反映在我的心念及身體上。當我完成癌症治療，我盡量不去看癌症生存率的統計，卻忘了要過濾我看的新聞。我對於媒體報導照單

全收，無意間看了俄羅斯學校人質事件的新聞，有大批師生因為政治因素遭到挾持。

我看了貝斯蘭人質危機的現場影片，得知當地政府展開救援伏擊行動，情況相當悲慘，我看到半裸的小孩在哭泣，大人拼命往士兵的方向奔跑。我讀了這一則悲慘的新聞報導，聽了無數傷亡人士和孩童的描述。我自己也曾遭到歹徒挾持，擔心受怕過，忍不住想閱讀這種悲劇新聞，但看了又會害怕，導致後續好幾天，我身體不太舒服，情緒也大受影響。我真希望自己沒看新聞，沒感受那些孩子的恐懼。畢竟那些孩子的遭遇太悲慘了，因為政治紛爭而淪為人質，更別說失去性命了。

現在我下定決心要訓練自己的心，加上我知道身心緊密連結，我現在只會大概了解有哪些新聞頭條，但不會過度閱讀。我會在車上聆聽新聞廣播，或者趁我等咖啡時，瞄一下網路新聞，或者訂閱特定的網路新聞，反正我會慎選。我知道發生了哪些災難，但我會設定好界線，決定自己要接收多少的訊息。視覺資訊的衝擊力最大，一旦看過了，就不可能假裝「沒看過」，所以我會慎選，否則我的身體會大受影響，這攸關我長期的健康！

我並不是無心當一個好公民，只是礙於我的情緒和身體，並無法消化全球的災難新聞。這世上不是只有我這樣，這種情況稱為「替代性創傷」❹。

如果你負責照顧創傷事件的倖存者，或者從旁協助他們，聽了太多創傷和悲劇的故事，可能會承受不住。這不只會傷害身體，而會徹底改變世界觀，甚至害你步上倖存者的後塵，經歷創傷後壓力症候群。

如果長期看太多灰暗的新聞，任誰都可能遭受負面衝擊，眼看著擔心受怕的人們，哭著逃離死亡和毀滅，不自覺會驅動體內的戰或逃（fight or flight）反應，壓制我們的免疫系統，讓身體陷入壓力狀態。

最多可以接觸多少創傷，身心才不會受到影響呢？每個人的情況不盡相同，像羅馬皇帝尼祿（Nero）就很厲害，可以一邊看著羅馬燒起來，一邊拉著小提琴，但我們這些凡夫俗子，盡量少接觸悲劇，有助於維持正向的身心連結。

## 感受正向情緒是超前感受的前提

當我發現身心連結跟超前感受有所關聯，我透過我的好朋友兼同事吉姆・奧古斯丁（Jim Augustine），認識了凱莉・特納博士（Kelly Turner, PhD）。特納博士是醫學思想研究的先驅，從美國哈佛大學畢業，不僅是這個領域的專家，也是可愛又好相處的人，她列舉存活率低於25％的癌症病患，如何超越醫師預測的存活期，成功戰勝癌症。她的著作《癌症完全緩解的九種力量》（Radical Remission: Surviving Cancer Against All Odds），記載並分析了逾1,200件個案，詳述存活率低於25％，恢復不如預期的個案，如何奇蹟似的存活下來。

當我跟特納博士聊到《癌症完全緩解的九種力量》❺這本書時，不約而同提到了直覺。她認為「順從自己的直覺」，是癌症病患逆轉勝的關鍵之一。既然直覺是如此強大的工具，可以幫助病患逆轉病情，特納決定研究更透澈一點。

這些病患發揮直覺的方式，不僅跟常人極為不同，每一位病患還要做出特殊的改變，恢復身心平衡。我解釋一下，直覺源自潛意識，受到大腦邊緣系統所控制，像我們的老朋友海馬迴，就是其中一個關鍵區域。特納博士揭露抗癌故事的成功關鍵，其中最關鍵的因素，正是提升正向情緒。

我跟她討論的過程中，突然意識到每一位癌症病患都必須釋放恐懼情緒。癌症診斷本身，最可能引發死亡的恐懼。《癌症完全緩解的九種力量》有太多值得參考的洞見（大家非讀不可！），其中特納提到，情緒是逆轉勝的關鍵，比大腦的念頭更重要。

如果你不相信情緒對身體的影響這麼大，不妨來看特納博士列舉的一項研究，研究團隊以安慰劑（糖片）取代化療藥[6]，把癌症病患分成兩組，第一組做化療，第二組只注射含安慰劑的食鹽水。

40位病患只注射鹽水，卻有將近30%的人掉髮了，所以可印證是恐懼所致。那些病患以為自己正在化療，化療最常見的副作用就是掉髮，儘管沒有接受化療，卻還是掉髮了。特納博士寫道：「這就是為什麼成功抗癌的病患告訴我，若要幫助身體療癒，最好要釋放體內的恐懼，因為恐懼本身，會關閉體內的免疫系統。」

特納博士這樣跟大家解釋：如果要療癒身體，一定要擺脫戰或逃的模式，哪怕每天只有五分鐘也好。她認為，一旦經歷負面或壓力的情緒，身體會停止分泌有療癒效果的胜肽（peptides）。身心的連結太深了，唯有由衷感到喜悅、感恩、愛和幸福，否則身體並無法分泌胜肽。這就是為什麼光是觀想這些正向情緒是不夠的，你必須真正感受到正向情緒，才會「增強」身體療癒效果。正向情緒會促使身體分泌胜肽，進而：

- **降低血壓和心率**
- **促進血液循環**
- **提高紅白血球的活性，提振免疫系統**
- **清除感染**
- **掃描並清除癌細胞**

說到療癒和情緒，我認為身心連結是很私密的事。自從我罹患癌症，經常有身體健康的朋友立意良善，建議我「正向思考」，我聽到這樣的話，並不會感到支持與愛，反而會火冒三丈，心煩意亂。首先，他們這種說法，好像是我主動罹癌，彷彿只要轉個念，就會自動復原。其次，一個健康的人，怎麼能夠理解我體內承受的恐懼呢？好幾位神經科學家證實了，光是「正向思考」是不夠的，反之，情緒也要一起正向調頻才行。

負面情緒對身體有什麼影響呢？就連孤單的感受，對癌症病患也有莫大的影響。特納博士發現，如果罹患乳癌前，社會連結極度不健全者，罹癌後的死亡率是健全者的兩倍。一個獨自走過抗癌歷程的人，比起有十幾個朋友陪伴的人，死亡率多了四倍[7]。

我深信是**感受**（而非思考），會化為體內的化學物質，對我們的免疫系統和身體，起了強化或弱化的作用。如果你的身體剛好生病了或失衡了，特別難以感受正向的情緒，例如感恩、喜悅和希望，這就好比說，當你想著人生真是悲慘，就不可能感受到幸福，當你做了自己愛做的事情，就不可能感到悲傷。

現在，讓我們回到懷舊主題飯店。為什麼只住了一個禮拜，老人家整個人都變年輕了呢？

難道，他們創造了極度正向的身心連結嗎？

還是，他們扭曲了時間呢？

# 第 5 章

# 逆轉現狀的祕訣

- 你是否曾期待發生某件事，最後還真的發生了，只不過事發的過程，完全超乎你的想像和期待？
- 你是否有一些童年的記憶，早已跟當初發生的實際情況有所出入？
- 你是否曾預感會發生好事，但你不知道是什麼事，不知道何時會發生？

大家總以為，時光旅行只會在科幻小說發生，但是根據愛因斯坦的相對論，人確實會扭曲時空，你都還沒出發，就已經搭火箭上太空一遭，順利回到地球表面。

——史蒂芬・霍金（Stephen Hawking），物理學家

## 用量子力學法則解釋「超前感受」

知更鳥過冬往南飛與我成功逆轉現狀，找到靈魂伴侶，這兩件事之間到底有什麼關聯？答案就藏在量子科學裡。

有一天我感冒了，躺在床上休息，不知不覺闖入量子科學的世界。我享用一堆碳水化合物和咖啡，打開 Netflix 盡情追劇，後來我好多了，總覺得該提升一下心靈，隨手挑了三部 TED 短片來看，我刻意挑選一部片，探討量子科學和知更鳥過冬南飛的關聯性❶，TED 講者以量子科學解釋知更鳥的導航能力。

知更鳥眼球中的微粒，顯然跟地球的磁場有直接關係，怪不得當天氣變冷，知更鳥自然會知道，何時該往何處飛。我給大家一個概念，地球磁場的強度，比貼在冰箱上的磁鐵小了100倍！這種時空連結不太好解釋，除非先學會用量子科學看事情。

量子科學很吸引我，因為它充分解釋了「為什麼明明不該發生的事情，卻發生了奇蹟」。超前感受就是這種神奇效應！

我對這類的知識懷抱著熱情，當然有我自己的原因，只不過我個人的經驗有一點悲哀，我總覺得奇怪，有好多災難都發生在我身上。為什麼是我？這不是什麼好問題，可是我聽完那場 TED 演講，更深入了解量子世界中，如何扭曲時間和空間。量子是現在最新的科學領域，只可惜缺乏可信的科學原理，尚未獲得科學家認可。

每當科學界面對意想不到的事情，一開始會感到困惑，急著否認和忽視，試圖以公認的科學原則，找出更符合邏輯的解釋。阿圖爾．叔本華（Arthur Schopenhauer）是這麼說的：

> 所有的真理都歷經這三個階段。第一個階段，怎麼看都很荒謬。第二個階段，遭受大家強烈反對。第三個階段，成為不證自明的真理。

這裡列舉一個莫名其妙的科學事件，現在已是不證自明的真理。一八〇〇年代中期，英國正值維多利亞時代，嬰兒死亡率特別高。醫學界想也想不透，為何女助產士獨力照顧的產婦，嬰兒大多存活下來，唯獨男醫師接生的新生兒，死亡率就是特別高。當時女性不可以當醫師，醫生都是男性，這個數據還真是令男醫師難堪。一八七三年愛德華・H・克拉克博士（Dr. Edward H. Clark）出版了《教育的性別差異》（Sex in Education），還刻意提及女性進入醫學界的危險：

> 女性接受高等教育，會導致腦袋發達和四肢簡單。腦部運動可能異常活躍，消化系統卻異常衰弱，換句話說，思想流動卻腸道阻塞。

新生兒的生存率有這種差距，完全合情合理。等到你聽了我的解釋，就會恍然大悟了。女助產士在接生前後，都會記得洗手，杜絕了病菌交叉感染，但男性醫師並沒有養成洗手的習慣。如今，接生前後記得洗手，成了每一位醫療人員非做不可的事，於是大幅降低新生兒的死亡率。

現在回到超複雜的量子法則——當你懂得量子科學，你就知道該如何逆轉時間。有沒有似曾相識的感覺呀？我們探討腦部時，也有類似的插曲。

首先，我們潛心研究全世界最小的單位。宇宙萬物包括你和我在內，皆含極其微小的原子。我們體內每一個單細胞，包含了形形色色的原子。就算肉身死了，原子也不會消失，只會前往新的環境。比方你被埋葬了，動植物會吸收你細胞中的原子，或者逐漸分解你的肉身。原子會潛入土壤、空氣和水，以新的形式繼續存在。比方你被火化了，柔軟的身體組織會受氧化，主要轉化成二氧化碳、水、氣體等原子。這就好比原子版的生命輪迴，人永遠不會真的死掉。你的肉身，正如同以前逝世的祖先們，都會重新回歸到宇宙，所有人都互有關聯。

原子是很多科學領域的研究主題，舉凡物理、生物、化學、地球科學、天文，等到你深入理解原子，這會是你進入量子世界的起點。「量子」是最小的能量單位，比原子更小，亦即知更鳥眼球中互相纏結的兩顆粒子。量子科學就是專門在研究這些小東西的性質。

量子科學的屬性，還是跟其他科學不一樣，前者探討比原子更小的單位，後者探討原子或比原子更大的單位。這也是為什麼量子科學還會再細分成量子物理學和量子生物學。一般生物學的科學法則，當然跟量子生物學的科學法則不一樣。所謂的量子科學，涵蓋了科學家到目前為止，在量子科學界發現的科學理論原則。

**量子科學跟超前感受有什麼關聯呢？**量子科學剛好有兩個領域，跟超前感受的重點有關。這兩個分別是：

- **觀察者效應**：在量子的物質世界裡，你的觀察會改變現實，**進而逆轉時間**。
- **纏結**：每一個粒子都互相纏結，正如同每個人都互有關聯。

過去，我就是善用這些特性，發揮超前感受的力量，邂逅我的現任老公，雖然我當時還不是很清楚，這到底是什麼原理，這跟量子科學有什麼關係。

## 用「超前感受」找到理想的另一半

十三年前，我正值感情空窗期，正在尋覓另一半，可是我自己正面臨人生考驗，剛做完最後的化療療程，還在等待離婚官司的財產分割協議，帶著兩個孩子住在爸媽家。我只剩下一個乳房，頭髮才剛長出幾公分，一點也不美，但我對於愛情仍懷抱希望。

我心知肚明，如果要尋找另一半，絕對要動一下腦筋。我沒有太多時間，也沒有意願到酒吧碰運氣，看能不能遇見完美先生。我總得想一個辦法，讓自己花最少的力氣，邂逅我理想的另一半。

週日陰雨綿綿的早晨，我走出爸媽家，獨自去散步。我思緒亂糟糟，那個禮拜工作壓力大，離婚協議也快收尾了，我自己也有一點情緒。散步時，我不禁開始焦躁和企盼，有一點異常的興奮。我盡情想像未來——我渴望有一個很棒的人，可以喜歡上我。

我在細雨中邁開大步，列出我對另一半的要求。我隨便挑了一個名字，就稱他為羅伯吧。我希望羅伯有一份好工作，可能是銀行業或金融業，財務穩定，個性幽默、溫柔、寬厚、體貼，如果他也有孩子，那就更棒了，他就知道怎麼跟我的孩子相處。他的外表呢？我還是務實一點吧。我這個年紀的男性，不一定會有20幾歲的飄逸外表。對了，再加上一個瑣碎的細節，他有一輛紅色法拉利。

真奇怪，我的腦海裡，似乎開始上演小電影了。我彷彿就是劇中的主角，親眼看著這些願望成真。

當我想好最後一個條件「紅色法拉利（Ferrari）」，我突然身處在熟悉的海濱小鎮，站在人行道上。這時候有一位男性開著法拉利，打開敞篷，我的直覺告訴我他就是羅伯。他從停車場倒車出來，有一位高個子男性坐在副駕駛座。羅伯正在倒車，轉頭看一看左邊，再轉頭看一看右邊，確認有沒有來車。我瞥見他的輪廓，一頭黑色短髮，戴著海軍帽。他的車子朝著我的反方向駛去，我望著他逐漸遠去的背影。腦海中的小電影嘎然而止，我瞬間回到我原本散步的人行道上。

我踩著爸媽家門口的石階，精疲力竭，但是心情愉快多了。我感覺自己更平靜了，對未來更有方向了。往後幾個月，我再也沒有想起這些擇偶標準，我只是過著我的生活，繼續努力工作，盡量認識新朋友，照顧好我的兩個幼子。我把自己所有的感覺和力氣，全部放在我相信會成真的美好未來上。

六個月後……

**我真的夢想成真！**

我在新家的廚房做晚餐，當天預計吃千層麵，羅伯剛下班回家，給我一個親吻。他倒了兩杯酒，訴說他一整天在金融服務公司擔任執行長有多忙碌，他正值青春期的兒子史考特，正在樓下準備考試，我的孩子在旁邊跑，笑著問我，什麼時候可以吃晚餐。我突然想起我的擇偶標準，不謀而合，我至今想起來，仍會全身起雞皮疙瘩。我和羅伯是怎麼認識的呢？

我去了一間高檔婚友社。那間婚友社為你安排約會對象之前，一定會先跟你面試。我差一點就不去面試了，因為我告訴自己，我太忙了，加上剛做完化療，頭髮還沒長好！最後我還是去了，面試很順利，偏向一般閒聊。臨走前，面試人員把我引介給她同事，我們下樓時，小聊兩分鐘，我並沒有放在心上，就在我離開婚友社後，那位同事隨即跟我的面試人員說：「我剛認識一位完美的男士，很適合她。」我完全不知情，一直等到我跟羅伯結婚了，我打電話通知婚友社，才知道婚友社想撮合我倆。

婚友社想介紹給我的「完美男士」正好是羅伯。他跟我如出一轍，也是因為心情緊張和工作壓力，頻頻取消婚友社的面試。羅伯也育有一兒一女，我因為遇見他，人生更豐富，家庭更完整了。至於紅色 Ferrari 呢？我們初識時，羅伯開的車是銀色 Mazda；幾年後，他買了一輛紅色 Audi 敞篷車，如今我們結婚十四年，婚姻幸福，感情越來越好。

我先前提到的量子科學，如何套用到羅伯的例子呢？

我們先來探討「觀察者效應」，再來介紹纏結。「觀察者」可能是做量子實驗的人，也可能是機械測量工具，例如電腦。大家早就知道了，量子是比原子更微小的粒子。實驗和理論大多圍繞著光子打轉，光子是最微小的能量粒子。假設你開燈，燈光越亮，含有越多光子，照亮你可愛的家。光子具有特殊的轉化性質，可以用兩種方式測量，一是宛如子彈的粒子，二是宛如漣漪的波（例如無線電波）。

從科學觀點來看，**測量是觀察**的另一種說法。觀察者效應可以為大家解釋，如果光既是波也是粒子，為什麼換個測量或觀察方式，光子就會從光波轉化成粒子。

我分享一個很棒的例子。最近義大利科學團隊證實，觀察者效應甚至遍及廣大的空間和時間[3]。研究團隊以口徑1.5米望遠鏡，反彈千里外衛星的光子，科學團隊中途才決定測量方式（波或粒子）。即使科學家**在中途**才改變心意，這項決定彷彿仍會回到過去，影響光子在實驗一開始的作用模式。

好了！太多科學啦！我們來談一談投球。你朋友找棒球隊一起打球，那天天氣晴朗，你坐在旁邊觀賽，這時候在棒球場外，剛好有兩個球隊正在籃球場打籃球。棒球賽打到一半，你朋友出局了，你覺得這場棒球賽不好看，真希望你朋友是在打籃球，頓時間，你坐在籃球場的看台，看著你朋友打籃球，你大吃一驚，因為你看了計分板，你朋友竟然是從頭打到現在。你回頭望一望棒球場，空無一人，沒半個隊伍。在量子的世界裡，當你選擇看朋友打籃球，就不會發生棒球賽⋯⋯。

你**選擇**觀看什麼，決定了一切。這就是量子科學所謂的觀察者效應，只是上面這個例子，光子換成了你的朋友，而你就是觀察者。

## 量子法則一：觀察者效應

我再舉一個日常生活案例，大家還記得第一章嗎？假設你上街吃午餐，巧遇許久不見的老朋友。依照你的第一印象，你朋友似乎有一點冷淡，漫不經心，你覺得以後少碰面為妙，後來得知他哥哥生重病，你這才明白，你朋友不是無禮，而是忙著照顧生病的家人，於是你對他的第一印象煙消雲散，又覺得未來可以再見面了。第一印象被第二印象取代後，時光倒流，回去改變過去，進而改變未來。

可是，你和朋友巧遇的**事實**永遠不會變，你們在街上偶遇，站在街角簡短聊了四分半鐘。事實不會改變，但是情緒會改變你的感受。重要的是，你選擇**觀看**什麼，決定了你的情緒記憶。當你參考最新的資訊，重新回顧以前的回憶，改變你朋友在未來的面貌。你選擇觀看的內容，成了你過去和未來的現實，無論是對於人的觀感，或是對光子的觀察都適用。

大家還記得我最愛的回春飯店嗎？這也是觀察者效應在發威。這項實驗成功的關鍵，是把受測者分成兩組，其中一組把一九五九年當成美好的回憶，另一組看著一九五九年的人事物，讓自己沉浸其中，彷彿時光倒轉活回過去，由於身心互相連結，身體就跟著心靈一起回春了。

我覺得超有趣的是，這些案例剛好符合這本書一開始，跟大家分享的萊博・維奇教授的實驗。在那一場實驗，正向的情緒思考，竟然可以回到過去的時光，影響某些感染病患的發燒情況。這一章列舉的義大利光子實驗，很振奮人心，觀察者效應也會影響具體物質「光子」，證實我們可以**從未來回到過去**，改變光子現在的狀態。至於萊博・維奇教授的遠距祝禱實驗，大量粒子發揮同樣的效果，只不過這次的粒子是那些感染病患。

觀察者效應可以充分解釋，為什麼我忘了擇偶標準，卻還是遇到我的理想對象羅伯。我在那一場調整情緒的小散步，情緒極為高昂，堅信羅伯會出現在我的未來。當我遇見他的那一刻，我絲毫不訝異。

我一直在尋覓羅伯，就連婚友社幫我找的約會對象，也是羅伯。婚友社本來要安排我跟「派崔克」約會，我們多次互打電話，卻沒有真正講到電話，只留給對方語音訊息，這樣打了幾次電話後，我放棄了。如今，我終於明白，為什麼會有這樣的結果。

如果你相信觀察者效應，這會是你人生中強大的力量。你會審慎選擇你想在過去、現在和未來觀看什麼，進而改變你對一切的看法，成為你夢寐以求的那個人。

## 期待實現，不用擔心實現的方法

我知道你迫不及待想實踐了，所以我長話短說，簡短分享一下，朋友傑洛米如何運用超前感受的手法，成功逆轉現狀。

傑洛米是活力十足的創業家，也是我的好朋友，打從一開始，他就是我超前感受的智庫。傑洛米花了幾年時間，創立他的新創企業，距離目標很近了，但還沒完成商品上市。他正要啟動新一輪融資，募集他急需的資金，卻因為自己嚴重牙痛，人生變得好難。牙醫建議他做根管治療，但是報價高昂，相當於他每月付給工程師團隊的薪水，對他而言，付薪水才是首要之務。

我跟他聚會喝咖啡，他把止痛藥當成 M&M 巧克力吞下去，我看得心驚膽跳。我聽了傑洛米的說法，感覺他正陷入迴圈。他打算向同一批投資人，募集更多資金。我建議他去便宜的地帶，另外找一個牙醫診所治療，並且考慮向不同的投資人募資。

我建議他換一個方法：如果他善用超前感受的力量，他不會再擔心資金**怎麼來**。我說，我只在乎我期待實現什麼事情，但我從不擔心它**怎麼實現**。

幾天後，我們約好一起喝咖啡。傑洛米真的做到了！「我找到另一個牙醫。」他跟我宣布好消息：「他會幫我做根管治療，治好我的牙痛，只要三分之一的費用。」我們喝咖啡慶祝時，他又公布一則重磅消息：「他還邀請我一起吃晚餐。」我滿懷驚訝，誰會跟第一次見面的牙醫吃晚餐啊？

傑洛米跟我解釋，牙醫對他的創業有興趣，當天晚上，隨即邀請他參加朋友聚會。傑洛米來到一家高檔餐廳，服務生帶他進了包廂，現場大約有35人。主持人就是那位牙醫，笑容滿面，請傑洛米上座，他那一桌早已坐了五個人。牙醫跟在場朋友介紹傑洛米這位新朋友，說傑洛米就是正在創業的那個病人，於是大家一邊用餐，一邊聽傑洛米介紹他的新創企業，以及他目前為止所面對的成功和挑戰。傑洛米講到一半，有一位賓客打斷他，「你需要多少資金？」另外兩位賓客也開口了：「對啊，傑洛米，你需要多少資金？」

「未免太棒了吧！」我忍不住飆高音。超前感受的魔法到底會**如何實現**，總是出乎大家的意料。

「你開口要了多少？」

「我驚訝到說不出話來！他們請我先寄一份企劃書。」

真沒想到啊！牙醫的朋友們成全了傑洛米的未來。傑洛米跟其中一位賓客開了幾次會，確定等到某個階段，就會獲得資金挹注。傑洛米突然接獲邀請，竟能帶著創業家的自信，從容開完那場重要會議，他現在整個人看起來，儼然是一個募到資金的創業家，不用刻意募資，也不用提到周轉不靈。他沒有特別開口或勸誘，賓客就主動約時間洽談。

這本書還有其他逆轉現狀的例子，待會再跟大家分享，但我偶爾還是會想起第三章的雙胞胎。這對雙胞胎都有一段艱辛的童年，小小年紀就開始經歷「超前感受」的過程——其中一個深信著，既然父親是酒鬼，他**只好**選擇無望的未來，另一個**卻因為**父親是一個酒鬼，自願選擇改寫家族歷史的未來。

如果你可以逆轉現狀，你會選擇哪一個未來呢？

# 第 6 章

# 駕馭情緒的能量

- 你身邊有沒有充滿正能量的人，每次見到他，總是會受到鼓舞？
- 你是否曾在不斷碰壁時，依然選擇幸福快樂的感受？
- 哪一種情緒可以幫助你保持專注？

我領悟到，人們終將忘記你說過什麼或做過什麼，但他們永遠不會忘記你帶給他們的感受。

——馬雅．安傑洛（Maya Angelou），美國傳奇詩人

## 心影響你的情緒

有一位年輕的電影工作者哈利，曾經在紐約市居住和工作，他正如同其他許多創業家，還處於草創階段，擔心自己永遠無法成功，眼看著存款日益減少，他正面臨抉擇，是要放手一搏呢？還是要忘記夢想，找一個新工作算了？哈利決定參加知名的短片大賽，希望可以奪冠，或者至少有一個名次。

哈利的拍片計畫有一個小問題：他想不到好主題。哈利宛如寫不出東西的作家，為了尋找靈感，連續好幾天都在紐約閒晃，找一些古怪的地方，看一些不尋常的情境，希望可以想出故事線來，無奈過了幾個禮拜，還是沒有靈感，眼看比賽就快要截止了。

有一天，哈利在陌生的街區遊蕩，情緒低落，飢腸轆轆，走到腿好痠，只好走進一家咖啡館休息。他進門時，正好有一位西裝筆挺的老人，端一杯外帶咖啡，正要從店裡出來，好巧不巧突然有一陣風襲來，老人失去平衡，一股腦兒撞上哈利。老人隨即向哈利道歉，哈利一眼就認出他是獲獎的製片人，連忙自我介紹，說自己很欣賞那位老製片人的作品，於是他們到旁邊繼續聊。老製片人充滿個人魅力，和藹可親，哈利忍不住吐露自己的挫折，不知道該拍什麼主題。老製片人用心聆聽，但後來有一點浮躁，暗示哈利該走人了。哈利終於不再繼續說，這時候又來了一陣風，使勁吹著老製片人的上衣。

「何不拍一部關於風的片子？」老製片人臨走前，笑著對哈利說。

風？哈利本來很困惑，後來他想一想，大為振奮。風是全球共通的主題，每個人都有體驗過，完全不需要翻譯。他心想，難道要拍默劇？如果以風為主題，跟拍一整天，作為整部片的主軸？

一個禮拜後，哈利的挫敗更深了。風太變幻莫測了，根本不適合當主題！他試著拍攝人行道的小塑膠球，一路被風吹著跑，或者小紙片、塑膠童帽被風吹著跑，但最後拍出來的影片，不僅缺乏主線，也無聊透頂。哈利太想聽前輩建議，於是回到那間咖啡廳，希望再遇見老製片。哈利真幸運，老製片剛好也在咖啡廳，哈利問，可否坐下來聊一聊，老製片竟一口答應了。

哈利傾訴自己的哀傷，老製片卻毫不留情的取笑他，令哈利大失所望。

「親愛的，風不是重點，片名也不是重點。風帶給觀眾的感覺，才是真正的重點，**那**才是你要拍的東西啊！」

情緒的力量，宛如風一般，你碰觸不到，卻深受情緒的影響，不管這些情緒是展露在表情上、身體上或人生中。情緒是源自腦中的想法呢？還是心底的感受呢？思考和感受，孰先孰後呢？

若要說身體哪一個部位，可以跟感受相互連結，那就是我們的心。你一定有聽過：「我會全心全意愛你。」或者一段特殊關係快結束時，我們會說：「我心碎了！」就連歌詞也在暗示，心是有生命的，例如「我心嚮往何處」、「破碎的心該往何處去？你可以幫她找個家嗎？」

心確實佔有一席之地，無論語言、音樂和科學都在讚頌它。大腦的思考已經很強大了，但是心產生的電力強度，卻是大腦的一百倍之多！大腦和心都有各自的磁場❶，心磁場的強度竟是大腦的5,000倍！心的磁場大到什麼地步呢？方圓數呎之內都測量得到。

然而，人心很強大，這是一件好壞參半的事情。我相信大家都一樣，不可能隨時對全世界充滿愛、喜悅和善意。每個人都有黑暗的一面，例如嫉妒、羨慕、憤怒、厭惡……族繁不及備載。

> 要是世界如此單純，該有多好！但願陰險的壞人老實認罪，這樣就只要把善人與惡人隔離，然後一併摧毀那些惡人……可是啊，那些功與過，得在我們每個人的心上切下去，而誰會願意摧毀自己一部分的心呢？
>
> ——亞歷山大・索忍尼辛（Aleksandr Solzhenitsyn）

## 療癒物質「胜肽」也會影響情緒

**你可能以為**情緒源自於心，但其實還有一個身體部位也會產生感受。坎達絲・珀特博士（Candace Pert）是研究身心連結的先驅，同時也是藥理專家和神經科學家，證實了胜肽這種化學物質，可以影響身體並形塑心念❷。

第四章早就提過胜肽了，這是正面情緒會釋放的療癒物質，大家不妨把胜肽看成迷你的資訊載體，猶如迷你無人機，在體內四處飛行，各自肩負特殊任務。各種不同的胜肽，都會影響心、情緒、免疫系統、消化等身體功能。身體某些部位有「熱點」，聚集了一堆胜肽受體，胜肽受體就像是胜肽無人機的停機坪，遍佈全身上下，尤其是在心臟、大腦和腸道。

我來分享幾個胜肽發揮作用的例子，想必你也可能經歷過。我最近跟潛在的合作夥伴約在他的辦公室見面。會議快結束時，我們一起走到接待區，互相道別後，我胸有成竹走往我自以為的樓梯方向，結果竟然是一大片白牆。那位接待人員快步向前，把我帶回樓梯處，我羞得無地自容，雙頰紅得發燙。我難為情時，身體會有實際反應，促使胜肽遍佈我全身，以致血管擴張，滿臉通紅。

我難為情的感受，雖然只展現在臉上，卻影響我全身。這個經驗還算輕微，否則有時候，情緒的影響會更深遠。

其中最嚴重的例子，莫過於從重病或疾病復原的病患，比方癌症。

我之前提過特納博士的名著，特納研究那些存活率不到25%的癌症病患，探討那些人如何成功抗癌。第四章提及，特納發現癌症病患一定要擺脫恐懼的情緒，否則會處於戰或逃的模式，身體不由自主感到恐懼，如此一來，便無法發揮胜肽這種好東西的功效。

我先前說過，當全身瀰漫著正向情緒，身體的自癒力會提高。我知道我在老話重談，畢竟現在的你早已懂了身心連結，進而明白不只是心念，就連**情緒**能量也會影響人生。情緒是超前感受的核心，攸關身體健康和未來幸福。

## 主動選擇感受「好情緒」，期盼美好未來

我跟特納博士討論那些抗癌成功的病患，特別聊到了情緒。她跟我說：「有信心的感受，比心念更強大，而且堅若磐石，直達核心，人光是轉念還不夠，還要懂得順應情緒的力量。」特納博士分享到，有一些成功抗癌的病患，逐漸學會了放鬆和臣服：「他們選擇感恩、平靜、期待、希望的感受，因為這些感受會幫助他們好好過日子，換個心情過日子。」

如果情緒對我們的影響無所不在，是不是也會影響別人呢？當然會！你的情緒會影響別人和周圍世界。你聊天、散步或談話時，空氣中瀰漫你對這世界的意念。珀特博士看出身心連結跟情緒能量的關係，得出一個結論。

她肯定的說：「你跟所有人都是相連的，關鍵就在於情緒。你會對周圍的世界造成深遠而重大的影響。」

當我跟特納博士分享超前感受的原則，她建議我跟娜塔莉・羅伊（Natalie Roy）聊一聊，娜塔莉是天賦異稟的優秀演員，也是個人教練和思想領袖，她在紐約提供的個人教練服務，成功運用古代瑜伽的佛教冥想法。我主動跟娜塔莉聯繫，聊到感恩是對未來影響最大的情緒。

每次她的個案在清晨進行感恩冥想，一整天的感受都不一樣了！娜塔莉結合佛教冥想和她自身的服務，教個案專注於喜悅和感恩的情緒，冥想他們所期待的美好未來。

比方，娜塔莉會協助那些擔心試鏡的演員，練習情緒聚焦，專心想像著**成功試鏡後**，他們將會感受到的喜悅和感恩。娜塔莉認為，除了**感恩冥想**之外，還可以結合其他工具，例如**從未來的角度寫日記**，會有一些特別神奇的結果。

為什麼感恩是如此強大的情緒呢？

數千年來，感恩在各個文化通過神聖的考驗，最近幾十年來，感恩練習和書寫感恩日記，早已融入個人成長的文化。感恩是強大的正向情緒，利人利己。

有一份研究招募一百位受測者❸，請受測者寫感謝小紙條給所愛的人，快樂度以最高5分計算的話，受測者原以為對方收到小紙條，只會有3分快樂度，卻沒想到對方的快樂度高達4分，其中還有許多人感到「極樂」。我不禁好奇，我們有沒有可能預知自己情緒對別人的影響呢？我們能否把情緒當成強大的能量，刻意去影響身邊的人呢？

我從不覺得情緒是有形的能量，一直到我遭受攻擊的那一天，但我所謂的有形，不單意指對方在臉上或身上顯露情緒。恐怖的那一天，歹徒闖入我家，我求他離開時，他越是逼近我，我越是感到他身上的寒意，宛如在悶熱夏日，突然打開冷凍庫，一股沁涼的空氣穿透皮膚。

他那股寒意，一直纏繞在我心頭。後來，等到我自己變堅強了，總算才能夠分析來龍去脈，我開始好奇是哪一種情緒，製造出令人不寒而慄的能量。他的掠奪性能量：殘忍、邪惡、高高在上，這些是我想得到最寬容的形容詞了。我不解的是，究竟是他散發的破壞性能量太冷酷呢？還是我自己的暖意散盡了，逐漸喪失生存的希望？當我練習超前感受一段時間後，重新回顧事發那一天，我不是要分析歹徒無知的行為，而是要理解情緒這股能量。

我更進一步思考，如果情緒是能量的話，有沒有可能在必要時，打開或關閉個人的能量呢？當然有可能！這正是超前感受的真諦。

## 有辦法測量情緒的能量嗎？

我收集大家對各種情緒能量的測量和比較，結果發現「助人者的快感」（helper's high）的概念❹：當你幫助別人，身體會分泌化學物質，讓你感到快樂、止痛、增加體內含氧量、紓解壓力。我深有同感，我永遠記得在化療期間，身體極度不適，有一位特別的朋友，帶給我絕佳的情緒感受。

我第一本著作《成功抗癌者的5個祕密》，寫到有些人會帶來暖意，有些人會消耗能量。如果你跟溫暖的人在一起，他會給予你充滿愛的關懷，振奮你的士氣，讓你準備好征服世界。如果你跟耗能的人在一起，你會感到悲傷，精力完全被榨乾。

當我讀到助人快樂感的概念，我終於明白了，**身體釋放的正向情緒，對於施與受雙方都有益。**這種雙向的能量流動，也會發生在兩人互相碰觸或靠近時。一顆心發出的電磁訊號，可以影響另一顆心。

如果你跟寵物待在同一個房間，對寵物傳達愛的感受，這時候你跟寵物的心和大腦，會有電磁共容的現象，宛如鏡像反射。如果你突然起身，把寵物關到另一個房間，雖然電磁共容的情況會消失，但寵物的心跳仍會受影響，然後再恢復正常。

我很愛看狗班長西薩．米蘭（Cesar Millan）的節目，他聊到主人和狗之間的能量[5]。他說，墨西哥人不栓狗繩，因為買繩子的錢，可以拿來買狗食。墨西哥人也不給狗取名字，但主人高聲一呼，狗就會自動靠過來，所以根本不需要名字。根據西薩的解釋，狗和主人之間有一股能量，狗可以體會主人的期待，例如何時該過去找主人。

我好奇的是，如果不是主人和狗，而是互相關心的兩個人呢？我曾在心中想著某位朋友，那位朋友就剛好打電話來，發生很多次這種經驗。我也曾想著打電話給老公，一拿起電話，他就打來了。可是，這些例子都不夠科學！我想知道人跟人之間的關心盼想，那一股能量連結有沒有可能測量得出來。

有一項科學實驗招募勇敢的受測者，揚言要給予受測者、其朋友或陌生人電擊，分別掃描受測者的腦部活動❻。當受測者得知自己有可能遭受電擊時，其腦部跟威脅有關的部位，果然很活躍。

**值得注意的是**，當受測者知道朋友有可能遭受電擊，同一個腦區竟有類似的活動，彷彿自己正遭受威脅。這項實驗證實了，你對某人的正向情緒越深，你跟對方的情緒連結就越深，你的大腦甚至會感受到對方的身體疼痛。

這些實驗分析倒是不錯，但兩個相愛之人的能量流動，其實就像風一樣，眼睛看不見，卻會隨著人生境遇改變。如果你正在熱戀中，當然會受到愛人的心情影響。那愛人的話語呢？有一句俗語這麼說：「棍棒和石頭會敲碎我的骨頭，但言語傷害不了我。」這句話完全無視愛人惡語的中傷，也太天真了吧！

善意和鼓勵對人的影響，當然有別於批評和惡言。難道是正能量或負能量在作祟嗎？如果不小心在盛怒之下，說了尖酸刻薄的話，製造了情緒負能量，難不成會毀掉你一週以來，對愛人苦心付出的愛與支持嗎？你訴說的話語，以及你話語創造的感受，預告了一段關係的存續與否。

約翰．高特曼（John Gottman）和羅伯特．萊文森（Robert Alan Levinson）兩位醫學博士，專門研究正向語言和負向語言的「黃金比例」及其創造出來的情緒能量[7]。他們經過長期研究，觀察互相爭執的伴侶，如何花15分鐘化解矛盾。光是計算正向和負向語言的比例，就足以預測伴侶九年內的相處情況，準確率高達九成。所謂的黃金比例，就是每講一句負向語言，就要有五句以上的正向言語，這也太不成比例了，可見維持情緒平衡有多難！

我不是在擔心自己跟親近的人爭執不斷，我在意的是，正向語言和負向語言的平衡，是否跟個人的情緒能量有關？如果正向語言和負向語言的黃金比例，攸關一段關係的健全和成長，那麼我們對自己訴說的話語，是不是也象徵內心能量的正／負平衡呢？

研究人員指出，我們每天有多達六萬個念頭，其中八成是負向的，其中有95%都在重複前一天的念頭[8]。由此可見，我們跟自己的關係根本不符合「黃金比例」！我們對自己說的話完全不及格。我看到這些悲哀的數據，仍相信正向情緒具有轉化效果，超前感受說白了，就是靠正向情緒能量來克服負向思考。可是，哪一種能量對我們和別人影響最大呢？我先不看個人或夫妻，我們來探討情緒能量會不會影響社會。

大衛・霍金斯（David Hawkins）劃時代的巨著《心靈能量：藏在身體裡的大智慧》（Power vs. Force: The Hidden Determinants of Human Behavior）[9]，以量表呈現正負向感受的意識能量。依照他的理論，負向情緒會榨乾身體的能量，弱化心靈。負向情緒不僅令人不舒服，還會散播負能量給周圍的人。霍金斯博士表示，情緒的振動頻率從0至1000不等，大約200的振動頻率是轉捩點，低於200的情緒振頻會傷害人，正好200的情緒振頻屬於中性，不好也不壞，高於200的情緒振頻好處多多，有的令人快樂滿足，有的會助人開悟。

依照振動頻率，把情緒能量**由低至高排列**：

**負面**

20——**羞愧**、**恥辱**：極度自我厭惡，想過自殺或死亡。

30——**罪惡**、**責怪**：無法寬恕自己或別人。

50——**冷漠**、**絕望**：感到無望或受害者情結，陷於無助的狀態。

75——**憂傷**，**懊悔**：一再的悲傷、失落和憂鬱。

100——**恐懼**：總覺得這個世界很危險，老是落入凌虐的關係。

125——**渴求**，**慾望**：成癮，渴望認可、名聲、金錢，過度飲食、飲酒和花錢。

150——**憤怒**，**仇恨**：怨恨自己或別人，沮喪，這可能會催促你前進，或害你原地踏步。

175——**驕傲**：自我感覺良好，只可惜從小我出發，而且看重外在。有可能會防禦心強，拒絕面對現實，或者有種族主義的傾向。

**中性**

200——**勇氣**：雖然人生挑戰不斷，高潮迭起，卻可以刺激個人成長，學習技能和經驗，努力精進。

**正面**

250——**中庸之道**：懂得臨機應變，自我放鬆，隨遇而安。

310——**主動**：願意冒險，讓自己持續前進。時間管理、生產力、培養意志力和自律。

350——**包容**：積極過生活，培養自己的能力，設定並達成目標，調整生活模式或轉換跑道。

400——**理性**：理性敏銳的思考，做出重大的貢獻。

500——**愛**：無條件的愛，深度的同情心，喚醒自己的心，覺知自我使命，感覺自己更有力量。

540——**喜悅**：純粹的幸福，在人生和人世感到狂喜。

600——**平靜**：心靈達到寂靜和靜默的狀態，可隨時接收天啟。

900——**開悟**：霍金斯博士等人認為，這是最高層次的情緒狀態，也包括感恩。

有趣的是，霍金斯博士發現，振動頻率為200的勇氣，正是情緒能量由負轉正的轉捩點，在勇氣之後，就是越來越強大的正能量。這麼說來，振動頻率越高的情緒能量，難道就可以影響更多人，或者對個人發揮更大的影響嗎？

霍金斯深信，就算只有少數人擁有較高的情緒能量，仍足以抗衡大多數人低於200的情緒能量，於是他得出一個能量計算公式，計算有多少的正向情緒才足以抗衡負向情緒。對霍金斯博士來說，一個充滿愛的人，振動頻率為500，足以抗衡75萬人低於200的情緒能量，一個長期感恩或開悟的人，散發最強大的情緒能量，甚至可以抗衡7,000萬人的低能量。

## 強大的正能量降低犯罪率

正能量的效應超乎我的想像，但我先前早就讀過一些研究，得知社會情緒能量會升高或降低犯罪率。數十年來，科學研究證實，群體或個人的社會壓力程度，可以看出美國的暴力犯罪率。個人壓力程度跟殺人、強暴、搶劫和傷害的發生率直接相關。既然這樣，我們該如何降低整體的壓力呢？

一九五〇年代霍金斯博士把超覺靜坐（Transcendental Meditation，TM）引進西方，建立重要的典範。基本上，**超覺靜坐練習**（或者任何形式的冥想）都是在培養我們進入純意識場（包括平靜和開悟的情緒能量），進而造福個人和社會，發揮正面影響力。

靜坐的好處很多，包括紓解壓力和焦慮，改善情緒健康和自我覺察，提升記憶力和專注力。那麼，對社會有什麼好處呢？如果有一群人保持極為正向的情緒，散發高層次的情緒能量，是不是可以感染其他人呢？靜坐的圈子有一個說法，如果靜坐的人數大於總人口1%的平方根，就可以降低社會暴力。有一個研究團隊決定證實這個理論。

二〇〇六年七月，愛荷華州費爾菲爾德（Fairfield）展開一項研究，召集了1,725位冥想者（超過總人口1%的平方根）定期冥想，創造足夠的正向情緒，影響全美國的人

[10]。這群人在二〇〇七至二〇一〇年定期冥想，最後研究團隊和二〇〇三至二〇〇六年的犯罪率比較的結果，雖然二〇〇六年底犯罪率升高了，卻在二〇〇七至二〇一〇年間逐年驟降21.2%或5.3%。

即使美國面臨全球金融危機，犯罪率仍持續下滑，引起全球關注，其中，紐約時報特別在二〇一一年五月二十三日寫了一篇報導，名為「重大犯罪率穩定下滑，專家苦思不得其解」[11]。這篇新聞提到，美國犯罪率降至近40年來新低，有別於經濟大蕭條時期犯罪率攀升的常態。若是人口低於一萬人的美國小鎮，犯罪率甚至比前一年降低25%之多。

現在呢？很遺憾，那群冥想者各奔東西了。我調查二〇一〇年以後的犯罪率，一般犯罪率持續下降，但強暴、謀殺、暴力犯罪的發生率卻上升了。

我寫了這麼多能量的資料，你可能看得一頭霧水吧！畢竟兩人之間的能量（如果其中一個人是你自己），比較容易看出來，然而如果是群眾的能量呢？假設你早上一起床，就帶著超前感受的心情，懷抱感恩的情緒，不僅會轉化你那一天的命運，也會對別人造成莫大影響。超前感受的法則，一來講到強大的情緒能量，這在身體和心靈都獲得驗證，二來是結合量子科學。

## 量子法則二：「纏結」

我們暫且從觀察者效應岔開一下，轉而介紹量子科學的第二個法則「纏結」（entanglement）。我跟纏結的緣分滿早的，當時我還沒想到用量子力學解釋超前感受，只是我的小孩嘗試理解過往的創傷，有一位治療師隨口提起了，我們母子三人之間有一條無形的繩索。因為當時我還在住院，治療師想安撫孩子，說雖然媽媽不在身邊，但孩子依然可以感受到媽媽的愛，想像有一條無形的繩索連結彼此的心。第二個量子法則纏結，也跟超前感受有關，我不禁聯想到無形的繩索。

**「纏結」加上「觀察者效應」，正是超前感受的量子力學基礎。**

簡單來說，科學家認為，假設有兩個粒子同時形成，若改變其中一個粒子的狀態

（例如加熱或冷卻），另一個粒子也會隨之改變，就算其中一個粒子「迷失在外太空」，另一個粒子仍留在地球，只要地球上那顆粒子改變了狀態，「迷失在太空」的那顆粒子仍會不由自主改變狀態。只要這兩個粒子本來就有關聯，無論兩者的時空差距有多遙遠，其中一個粒子有任何遭遇，都會影響到另一個粒子。

先前我舉了棒球的例子，現在我舉更簡單的例子，假設你在廚房烤兩塊火雞派，看起來美味極了，你把其中一塊火雞派帶去公司吃，另一塊放家裡冰箱。如果按照纏結的效應，你在公司加熱火雞派，放在家裡冰箱的那塊火雞派，也會跟著熱起來！

纏結是相當複雜的概念，科學家也坦承，世上有太多神祕的事物，正等著我們去解謎。我在先前分享過，我從知更鳥身上，悟出了纏結和超前感受的關係。知更鳥總是勇敢的揮動翅膀，朝著南方跨洋翱翔。我聽量子物理學家吉姆・艾爾－卡利里（Jim Al-Khalili）的演講，越聽越好奇，科學家推測知更鳥眼中相連或「相纏結」的粒子，可能跟地球的磁場有關聯，所以會幫助知更鳥一路往南飛。

纏結也跟超前感受有關，畢竟情緒的力量超越任何距離。我想起我人生最黑暗的時刻，曾經有陌生人對我展現善意，至今都過這麼多年了，我依然感受得到那股強烈的溫暖。只不過，強烈情緒的纏結效應，不一定會美好，如同我依然記得歹徒身上散發的冷酷，這對我造成另一種創傷的連結，還好霍金斯博士的量表並沒有測量邪惡或冷酷，否則會勾起我過往的創傷，但是我心中部分的疑問，恐怕沒有解答的一天了。

感覺，就像風一樣，也是一股神祕不可測的力量。超前感受背後的基礎，包括了理性科學和主觀情緒。情緒能夠在一瞬間，帶著我們前進或倒退，正如量子力學說的扭曲時間，無論人與人的距離多遠，無論是朋友還是陌生人，都可能保持連結。

我們學會了超前感受，難道就會未雨綢繆，預先想清楚每一步，或每一個阻礙嗎？不可能！但你至少不會步上哈利的後塵，因為你有工具和知識，懂得自己去創造風，巧妙運用自身的能量，放下平常限制你的思想模式。

我們跟別人眼神的交會，跟大腦的感知有關係。別人發出的聲音，跟我們心中的情緒有關係。我們在周圍環境的行動，跟我們和他人的磁引力有關係。這一切一切，構成了日常的魔法，如果我們懂得活出這種魔法，感受它，並且沉浸其中，將會發現每一天都不可思議。這些是人生的空白，潛藏於字裡行間，隱身於陽光不容易照射到的裂縫。我們有些人悠游於滿溢的人生酒杯，站在陽光下瞇著眼，觸及看不見之地，因為我們知道，該怎麼找到空白，活在魔法之中。

——喬伊貝兒（C. JoyBell C.）

# 第 7 章

## 相信不可思議

- 如果有人提出非比尋常的解決方案，你會立刻反駁呢？還是會深入考慮呢？
- 你有沒有遇過不可思議的事情呢？

人生，老是有莫名其妙的事情發生。

——埃爾文・查戈夫（Erwin Chargaff），奧地利生物學家

## 奇蹟背後的信念與情緒

相信不可思議，正是超前感受的本質。當你覺得夢想遙不可及，當你覺得好運不可能發生在你身上，當你擔心有人比你更成功，你該如何繼續前進呢？你必須創造必要的情緒。因為人生不可能經常發生合理、快樂、意料之中的事。唯有當磨難或阻礙擋住你的去路，你才會以超乎想像的方式，自行創造對你有用的情緒。

我人生第一個不可思議的事件，發生在我跟媽媽去菜市場，下決心要學習成功之道沒多久。當時我媽剛轉換跑道，接受鋼琴老師的訓練，她跟著艾妲．科德（Ada Corder）一起學習，艾妲是澳洲音樂界的首席鋼琴家。每一個週末，我媽去艾妲家上鋼琴課，我一定會跟去。艾妲家如許多一般老人家的家裡，擺滿了漫長人生的無數紀念品。我特別迷戀那張「白色」桌子。艾妲是虔誠的天主教徒，她的音樂室有一張桌子，整齊陳列純白的裝飾品和公仔，以紀念聖母瑪莉亞。我媽上鋼琴課時，我會蜷縮在褪色的花沙發，一邊閱讀探險小說或偵探小說，一邊聽著貝多芬、蕭邦、德布西樂曲的音符，從房間的另一側流瀉出來。

我喜歡艾妲，可是十歲的孩子看到她，難免有一點害怕。她深受甲狀腺疾病所苦，頸部腫大，脖子是平常人的兩倍粗。外科醫師看她80來歲了，本來拒絕為她動手術，但是艾妲太堅持了，最後在她快90歲時，終於說服醫生動手術。正當她朋友和學生慶祝手術順利，她的眼睛竟長了帶狀皰疹，又痛又癢，簡直是痛苦的折磨，她甚至跟大家說，真想一死百了，這對於虔誠的天主教徒來說，簡直大逆不道。

後來，艾妲好轉了，從醫院返家休養，但帶狀皰疹並沒有真正痊癒。隔週的週末，我媽接到共同朋友的電話。那位朋友說：「發生奇蹟了！大主教和幾位修女都來了，妳一定要來看看。」於是，我媽去了艾妲家一趟。

我在開車途中問：「他們看到什麼了？」

我媽嘆口氣說：「他們提到了耶穌和艾妲的麥芽牛奶，聽起來怪怪的，但我答應去一趟。」

我們抵達艾妲家，有一堆車子停在艾妲高貴的紅磚屋前。艾妲的貼身看護默德引領我們進入時，我們聽見艾妲音樂室傳來的低語聲。默德七十多歲了，看起來卻相當年輕，她用氣音說話，跟我們描述艾妲前一晚的遭遇，當時艾妲坐在她喜愛的白色桌子旁，準備啜飲她每天傍晚必喝的麥芽牛奶。一陣痛楚襲來，艾妲請求上蒼帶走她，就在她吶喊時，看見杯子中閃耀著光芒，等到光芒熄滅了，杯中的麥芽牛奶粉顯現耶穌背負十字架的圖像。我看我媽一眼，瞥見她一閃而逝的懷疑神情；然而下一秒，她隨即切換成客套的好奇口吻。

「太神奇了！」我媽頓時驚呼。

我好奇到說不出話來。默德基於禮貌，跟我媽介紹在場的修女們，艾妲則邀請我向前。我還沒看到杯子之前，先看到艾妲的面容，我大吃一驚。我還記得上次見到她，她臉上表情看起來很痛苦，布滿發炎的瘡痂。現在她的臉依然紅通通的，但洋溢著希望。

「你們看。」艾妲一邊說，一邊拿玻璃杯給我看。「大主教說，這表示耶穌陪在我身邊，痛苦很快就會消失。」

那幅圖像刻在麥芽牛奶粉裡，簡直跟白紙黑字一樣清楚，從輪廓可以看出一位裹著腰部的男性，被釘在十字架上。他面朝正前方，雙眼直視著我。實在太清晰了，我甚至看得見他的鬍鬚，就連他的手指也很分明，只是沒有順著橫木的方向，而是垂向地面。那幅耶穌受難圖的四周，不小心撒了一些粉末，但還好沒有蓋到大圖。

我還記得我看到那幅圖像後，驚訝到一動也不動得呆站在原地。我媽靠近一看，低語：「真不可思議啊！」修女們欣喜若狂，竊竊私語：「太神奇了！」艾姐聽得眉開眼笑。我回到車上，興奮得大喊：「我迫不及待要跟同學分享了！這件事會不會上新聞啊？」

我媽透過後照鏡瞥了我一眼，然後繼續看前方的路。

她說：「我什麼都沒看見！可憐的艾妲。」

我不解地說：「妳難道沒看到十字架和耶穌嗎？」

「我只看見奶粉撒了一杯子。」她提高音調，暗示我別再說了。

我整個人癱在後座，覺得自己好渺小，苦思不得其解。如果什麼都沒有，大家何必大驚小怪？大主教和修女們的反應難道都是裝出來的，只為了讓艾姐好過一些？還是說，這就像國王的新衣，明明不存在，大家卻堅稱看得見圖像？但我真的看到了啊！

如果這件事再晚三十年發生，絕對會造成轟動。之前在網路上瘋傳一塊炭烤起司三明治照片，只因印上了髒兮兮的聖母瑪莉亞圖像，最後竟以2.6萬美元售出。現在回想起來，我看到的那幅耶穌受難圖還比較有趣。就我所知，艾妲這件事並沒有大肆宣揚，她在信仰上不是那種愛出風頭的人。

後來，我再也沒有跟母親聊起圖像的事，畢竟我年紀小，怕媽媽生氣，一來我擔心我說服不了她，杯子裡真的有什麼東西，二來我討厭她洗腦我，說一切都是我的幻想。等到幾十年後，我想跟媽媽問起那一天的事，她卻因為患了失智症，什麼也記不得了。

艾妲做完手術後，過了十年，離開人世，墨爾本的音樂圈為之哀悼。我媽受邀到她家，從白色桌子挑一樣東西做紀念，她選了白色陶瓷的小花瓶，上頭有鈴蘭嫩枝的圖案。如今這個花瓶在我手上，我萬分珍惜，這份禮物令我想起艾妲，那位獨立、天賦異稟、滿懷雄心壯志的前衛女性，為人寬大善良。我永遠記得她信仰的力量。

我第一次把這件事寫出來時，回顧我腦海中的影像，我依然記得玻璃杯中清晰的圖案，尤其是耶穌的臉龐，以及他雙手擺放的姿勢。我在想，我有沒有可能找到一張圖，好跟各位讀者說：「你們看！就像這張圖！」

我還沒找圖之前，原本有一點擔心，深怕是我自己看過這張畫，直接偷渡到我的童年記憶中，結果我搜尋中世紀至文藝復興時代以後的宗教繪畫，越來越心神不寧，於是我勇於面對自己的感受。我是怎麼了？我終於發現，我不是心神不寧，而是畏怯。

我翻遍無數的圖畫或蝕刻，完全沒有一張圖，貼近我在那個玻璃杯看見的圖像。我深信我看見的圖像獨一無二，源自我無法解釋的條件和力量。為什麼我媽會看不見呢？難道是她的身體看不見嗎？還是她的大腦搜尋不到類似的經驗，於是就直接否定？無論哪一個原因，我看到她的反應，我開始相信，有些人確實可以看見別人所看不見的。

接下來數十年，我發現更多例子。一旦人的信念結合強烈的情緒，確實會創造難以解釋的事件。

## 強烈情緒甚至決定生死

我有太多故事可以分享了，其中有一個故事，關於孩子垂死前的信念，令我永生難忘。

有一次，我跟當時交往不久的男朋友，一起參加晚餐派對。我們已經到了互見雙方親友的階段，這次就是要拜訪他最要好的朋友，我姑且叫她白昂妮。我跟白昂妮碰過幾次面，但就是處不好。她多次暗示我，我男友是她的備胎，完全沒有替我著想。

一到白昂妮的家，她隨即叫我男友去廚房幫忙，我只好跟其他賓客聊天，其中有一位叫做簡恩的女性。我們聊到她的工作，她是在市中心的醫院擔任護理師，照顧癌症病房的病童。簡恩看到小小年紀的孩子們，努力面對慢性疼痛，甚至死亡，就覺得自嘆不如。簡恩提起她的碩士論文〈孩子對死亡的預感〉（Children and their premonition of death）。她刻意把聲音壓低，傾身向前，跟我坦言：「我不太跟別人談這個，因為我朋友說，這個主題有一點憂鬱，所以我不太會主動跟別人分享。」

簡恩研究的對象，都是病況突然惡化的病童，因此她收集了個人故事和醫學資訊。有些孩子奇蹟似存活下來，有些孩子仍快速惡化而病逝。每次發生突如其來的悲劇，簡恩會刻意研究並記錄，試圖找出相關的因子。她究竟能不能從這些意外的死亡，覺察孩子對於疾病的想法或感受？

簡恩一開始關注的是，家人或醫療人員對孩子說的話，會不會導致孩子喪失求生希望，因而病逝。然而，她苦尋不著證據，畢竟大人都深信這些孩子會康復。當簡恩翻閱每位孩子的病歷，她不禁好奇，孩子自己對於未來，會不會有什麼預感呢？

於是，她擴大研究範圍，關注病童住院的行為，她徵求過家長的同意，翻閱孩子們繪製的圖畫，試圖從中找線索。她在許多死亡的案例，意外發現了一個隨機的共通點，這些離世的孩子都畫了深色的彩虹，或者打叉叉的圖案，這讓簡恩一度很掙扎，她懷疑自己是不是事後諸葛。該不會是她知道孩子最後的命運，才會有這種誤解？

我遇見簡恩時，她已經完成論文研究，但遲遲無法定稿。她沮喪地說：「我提出一個理論假設，主張有些孩子可以預知自己快死了，但我擔心這理論不被大家接受。」

簡恩跟我解釋，她看了太多令人不安的童畫，進而得出這個結論，其中有一個小男孩的死亡，衝擊到她身為醫療人員的信念。這位八歲男孩到醫院檢查，確認他幾個月以來的抗癌成果。檢查結果顯示，他逐漸改善病況，醫療團隊深信，他很快就會抗癌成功了，不料過了十六天，那位小男孩卻死了。

我驚訝地問：「這是怎麼回事？」

「他的病情突然走下坡。」簡恩回答我，面露憂傷。「一開始只是逐漸退步，後來就像滾雪球一般，醫療團隊也束手無策。」於是，我們靜默了。

「他有什麼奇怪的舉動嗎？」我猶疑再三，最後還是忍不住開口問：「他有沒有預知自己的死亡？」

簡恩有點泛淚：「這就是重點，他第一天進醫院，畫了十六個正方形，起初這些正方形都是明亮的顏色，後來顏色越塗越深，最後一個正方形還塗成了黑色，從此以後，他每天都塗黑一個正方形，直到他離世那一天。」

我想再三確認：「他就醫那一天，沒有半個人預期他會病逝嗎？」

簡恩聳聳肩，搖搖頭：「我該如何跟別人解釋，如此難以解釋的事件呢？醫學界怎麼可能會承認，小孩有預知死亡的第六感？」

這個悲傷的故事在我腦海停留多年，一部分是因為小孩子離開人世是天大的悲劇，再說那位小男孩預知自己死亡將至，卻只能透過畫圖表達內心的恐懼，令我心痛不已。我真希望有人可以在他生命流逝時，陪在他身邊，緊握他的手。

我後來沒有再跟簡恩聯絡，也跟那位男友分手了（他最後也沒有跟白昂妮修成正果）。我卻不時想起，簡恩最後會怎麼寫這篇論文呢？她的結論能不能受到醫學界認可呢？那些曾經為小男孩檢查的醫療人員，會如何回應這段故事和十六個正方形呢？他們會不會承認繪畫跟死亡預感有關係呢？還是駁斥此為巧合？我聯繫不上簡恩，也找不到她的論文，但我希望她有勇氣完成。我曾經讀過其他故事，小孩子在還沒發病前，早已透過畫圖表達死亡的預感[1]，只不過這個想法跟傳統醫學太衝突了。

## 情緒會改變身體與未來

艾妲所見的圖像，小男孩所畫的十六個正方形，以及其他無數的故事和經歷，燃起了我的興趣，我不禁好奇，強烈情緒會如何促發身體的劇烈變化？我忙著收集不可思議的案例，尤其是關於解離性身分障礙症（DID）的科學文獻[2]。這種病患的身體和心靈中，可能潛藏好幾個不同的人格，每一個人格都有各自的名字、年紀、特殊記憶和能力，有時候甚至跟原來身體是不同的性別。這些人格的筆跡、藝術品味和飲食口味都不一樣，甚至講不同的外國語。更甚者，擁有不同的**生理特徵**。

數十年前有一份科學研究，讓多重人格障礙症患者喝柳橙汁，其中一個人格喝了沒問題，但換成另一個人格卻爆發嚴重尋麻疹。不同的人格還會導致不同的毆痕、傷疤、眼神飄移、血壓波動、眼球顏色、近視或遠視、左撇子或右撇子、色盲、過敏，甚至包括糖尿病[3]。冥想的效果，對於不同的人格也不盡相同。同一款鎮靜劑，用在同一副身軀的不同人格上，幼小的人格可能會睡著，年長的人格倒很清醒，唯有思緒飄忽不定。

大家對於多重人格有太多誤解。這些患者絕非一時心血來潮，從自己的身上探索到新人格，也不是要引起別人的注意，刻意扮成另一個人。大多數多重人格障礙症患者，都曾經在童年遭受虐待，或者心中留下極可怕的創傷，有必要暫時撤退到另一個現實世界中，多出來的人格就是一種心理調劑，其中一個人格就是那個受傷孩童，真令人心酸。

科學家看到這些案例，不得不承認，心靈會劇烈影響身體。這是顯而易見的事實，而科學社群特別著重分析，能夠做出這樣的讓步，確實不易。為什麼呢？多重人格的身體會劇烈改變，**不是念頭所致，而是情緒所致**。這就好比過敏，沒有人想主動對花粉、花生、貓毛之類的東西過敏！如果你花了大半輩子，一心想要創造糖尿病的體質，說什麼也不會發生，然而，多重人格卻可以在瞬間創造這種情境。

科學證實了，這些改變源自於潛意識的情緒力量，以致多重人格障礙症患者打從心底相信，他們已經變了一個人。人格轉換的過程中，跟著改變身體，不費吹灰之力。科學家認為，當某一個人格失去掌控權，自然而然從心靈散去，完全沒意識到其他人格取代了自己。

人格的切換有多快呢？有多頻繁呢？每小時最多可以切換六次！每次人格瞬間切換之前，先有幾分鐘的身體波動，例如呼吸、心跳和其他基本功能。等到下一個人格進駐後，身體會調適生理狀態，以符合新人格的心理狀態，比方前一個人格的血壓是150/110，下一個人格可能是90/60。心跳不一樣，腦部的血流隨之改變，換了一個生理和心理狀態。多重人格障礙症患者的身體改變，究竟會有多劇烈呢？照鏡子是一個182公分的大男人，右撇子，一頭黑髮，但潛意識卻深信，自己是一個六歲雀斑女孩，左撇子，講話口齒不清。這是因為情緒在作祟，他們感覺那才是真實的自己，於是就變成另一個人。

這對我們一般人來說，有什麼意義呢？每個人體內都有瞬間切換身心的能力。你想必有看過，小孩子前一秒還歡天喜地，下一秒卻因為別人弄壞自己心愛的玩具，或者被迫停止心愛的遊戲，氣得嚎啕大哭。雖然這沒有多重人格的轉換這麼劇烈，仍稱得上劇烈的變化，不到一分鐘，人就從喜悅切換成憤怒。我還記得我去看兒子和朋友打籃球，本來無聊至極，球賽打到一半，其中一位朋友的女朋友來探班，還帶了幾位女性朋友同行，頓時間這些男孩精神大振，投籃和傳球的準確度提高不少。本來差點要輸了，卻因為發揮情緒的力量，最後奇蹟逆轉勝！

這一章分享了我的自身經驗，以及非比尋常的多重人格，是為了證實情緒感受會轉化和改變未來，這絕非大腦的思考所能及。如果你想實現遠大目標，希望人生夢想成真，第一步就要相信不可思議。當你願意這麼想，你就會迎向無數的可能性。

> 我們人生最美妙的經歷，都很不可思議。這些是藝術和科學的源頭！
>
> ——艾伯特・愛因斯坦（Albert Einstein）

# 第 8 章

## 改變自己的狀態，
## 控制小我，
## 克服冒牌者症候群

- 每當你情緒低落，會不會希望有什麼方法，讓你瞬間切換心情，擺脫困境？
- 你會不會擔心有一天，別人拆穿你的成功只是靠運氣，而非靠真實的才幹？
- 如果你可以勇敢追求夢想，不刻意跟別人比較，你的人生會有什麼不同呢？

## 超前感受的第一心法：切換情緒狀態

我跟東尼．羅賓斯（Tony Robbins）不吵不相識，我對他大呼小叫的機會……還滿多的！我讀了東尼的書《喚醒心中的巨人》（Awaken the Giant Within），愛到心坎裡❶，無意間看到一則深夜廣告，東尼正在宣傳個人成長課程，我毫不猶豫就下單了。當時我男友對於「激勵」之類的東西很感冒，我只好把教材寄到辦公室。同事看了我一大箱教材，神經兮兮跟我說，這看起來不像課程，比較像邪教。

我連續幾個月，趁開車通勤的八分鐘，播放東尼的錄音檔。東尼經常要我「按暫停」，把重點寫下來，每次我都氣得大吼，「東尼，不可能，我沒有時間按暫停！」

幾年後，我出版第一本書，寄了一本給東尼，順便跟他懺悔，我沒有乖乖按暫停鍵寫下重點。他的人真好，竟然親自回信，「妳能夠走到這裡，跟別人分享這些經歷，代表妳有一身非凡的靈魂，雖然妳在多年前，沒有乖乖按暫停鍵，也沒有乖乖寫重點，如今妳已經將功抵過了！」

二〇〇一年九月十一日爆發死亡悲劇，紐約世貿中心遭到恐怖攻擊，不久後東尼聯繫我，邀請我拍一段影片，分享我如何度過人生危機，放在他新架設的網站「危機的力量」。那次合作完畢，我們就沒有聯絡了，直到十年後，我決定重返寫作之路，特地寫信給東尼，更新我的近況。我長話短說好了，東尼趁這個機會，邀請我出席一場活動，我們再度相逢。

東尼的身心朝氣蓬勃（身高有200公分），為人慷慨大度，我都自嘆不如。我們關係深厚，不僅僅是知名講者和新秀作家的提攜關係。我和東尼碰面時，感謝他傳授的技能，讓我得以拯救三個人的性命：如何在幾秒鐘內，改變精神病患者（Psychopath）的狀態，成功度過了危機。

為了影響別人和你自己的行為，必須動用一系列的工具來調整「狀態」。所謂的「狀態」，包括了意識和潛意識的情緒狀態，我們先來聊一聊無意識的狀態轉換，控制不了的外在環境頓時影響了你的情緒。假設你開車去上班，本來心情不好，廣播傳來你最愛的歌曲，你的精神為之振奮，搞不好還會放鬆下來，一起哼著歌，把更多氧氣吸入肺部，進而舒緩身體壓力。又或者，假設你今天工作很辛苦，竟然被老闆叫去開會，原本已經做好被訓話的心理準備……卻沒想到是升職和加薪。

這時候，你會改變整個人的狀態嗎？當然會！你會嘴角上揚，抬頭挺胸，走路有風嗎？當然囉！你切換了情緒狀態，你的身體和想法也會跟著改變。

偶然的情境會改變你的情緒狀態，但你自己也可能刻意改變你的狀態吧？比方，你參加派對，好巧不巧，你的前任也來了，而且還攜伴前來，更糟糕的是，他跟漂亮的約會對象相互依偎，露出幸福的神情，你並沒有心理準備要見到他們，一時之間，喉部肌肉緊縮，脈搏加速跳動，卻沒有機會悄悄溜走。你真希望自己立刻從現場消失，既然這是不可能的，你只好調整情緒狀態，呈現最美好的自己。

我們有滿多的機會快速切換心情，不只是意想不到的社交場合。我有一個好朋友在全球頂級娛樂場所工作，她跟我分享，知名講者上台前，都會事先調整自己的狀態，否則他們在後台也是會發抖緊張，但我朋友沒有透露是哪些成功名人，只說了這些人在上台前幾秒鐘，總會刻意挺直腰桿，給自己深呼吸，切換情緒狀態，以最完美的名人姿態，大步邁上舞台。

為什麼**超前感受**如此強調切換狀態？當你選擇去感受正向情緒，那一股正向的情緒能量，會從你蔓延至別人身上，調和你的身體和心靈，把你期望的未來帶到現在。

這就像小時候的扮裝遊戲，改變你走路、聊天、談話和行為的模式，彷彿你已經成為你夢想的那個人。我等不及跟大家分享超前感受的實踐原則，但大家別忘了：切換狀態並非「冒充」，而是當你考慮做某件事時，就像你實際上正在做某件事，你相信你活在你期望的未來，進而調整身體和心靈。

切換狀態分成兩個面向，有一點像雙子座。一方面，你調整自己的狀態，另一方面，你透過鏡像模仿，調整別人的狀態。

鏡像模仿是什麼呢？你盡可能複製對方的身體姿勢。雖然你刻意模仿對方，但奇怪的是對方並不會發現。

鏡像模仿很容易。假設你在開會，對面坐了一個人，雙手交叉，你就模仿他雙手交叉，如果他改變姿勢了，比方他弓起背，左手臂靠著桌子，你也跟著做。鏡像反射可以做到很精細，不僅僅是模仿肢體語言，還要觀察對方的言語（正式和非正式）、講話速度、語調高低、手勢或凝視等。

當你做了鏡像模仿，對方會不由自主跟你建立連結。先是對方的意識，會感覺跟你有緊密的連結，再來是對方的潛意識，也會跟你共享能量，最後導致我在第六章提到的電磁共容。這是在運用不正當的「手段」，騙取別人的信任嗎？人生中有很多事物是中性的，端看你基於善意或惡意。唯獨那一次，我用鏡像模仿來利用他人；而我跟東尼．羅賓斯見面時，也特地跟他提起那一段經歷。

你們已經知道我遭到攻擊那一天的細節。我心裡很清楚，我要對付的歹徒泯滅人性，如果我顯現痛苦或恐懼，反而會激發他的興趣，我頓時開竅了，我要奪回掌控權，於是我開始模仿他，仿效他的聲音、語調和音高。

就算他傷害我，我仍要直視他的雙眼，讓我的呼吸跟他同步。我把我會的技巧都用上了，看著他逐漸冷靜下來，放下暴力，我繼續發揮情緒的力量，說服他放過我的孩子。如果我不調整我和他的狀態，肯定活不到今日，我當下只是基於直覺行事，但我對他的直覺評斷果然沒有錯。幾年後，那位歹徒出獄了，謀殺了一位少女，還犯下攻擊女性的惡行，再度入監服刑。

東尼．羅賓斯永遠在我的心中，佔有一席之地，他傳授給我的技巧，成功保護了我的孩子，讓他們安全活下來。

## 學會控制小我，轉換情緒狀態

如果你想要改變人生和改造自我，**絕對要**落實超前感受，學會去切換自我狀態。超前感受難道就這麼簡單嗎？隨便先挑一種情緒，然後調整身體狀態，一氣呵成，接著就成為你期望的那個人。理論上，**應該**就是這麼簡單，只可惜我們最古老的**爬蟲類腦**在旁邊守候著，伺機偽裝成善意的**小我／自我**（Ego），阻撓你遠大的計畫，妨礙你做出它討厭的新改變。

研究團隊估計，人每天有六萬個念頭，至少有八成是負向的，有95％是前一天延續下來的❷！既然人腦會反覆出現特定念頭，怎麼可能會喜歡切換思考模式或行為，迎接突如其來的轉向呢？當然不會吧！小我志得意滿，總以為多虧前一天的負向思考，多活了一天，何必改變呢？這些日常習慣和儀式，以及僵化的世界觀，無論正向或負向，都會跟小我緊密結合，反倒成了超前感受的絆腳石。

坊間有太多書籍，都在探討小我的定義和特徵，可以開一間圖書館了。小我是複雜的概念，你對於自己的觀感，無論是事實或是虛構，皆為長時間累積的結果。你怎麼看待自己的外表、天賦和智慧，你自覺有哪些匱乏，這些除了你想到的優點和缺點，也夾雜了別人的看法。但是，小我等於自尊嗎？是嗎？錯！

完成艱鉅的任務，內心洋溢成就感。獨自一人時，依然堅持做正確的事。這些都是提升自尊的好方法，讓你更正面看待自我！至於小我呢？我始終認為，小我的強項是「排擠任何遠大的計畫」。有時候，我的想法和行為受制於小我，我就會卡住，突然覺得超前感受好難喔！

超前感受的關鍵很簡單，你必須讓小我靠邊站，以免它妨礙你改造自己。我想強調一下：「小我」必須持續受到控制，如此一來，你才可以在必要時，瞬間切換狀態。

我寫這本書時，經常想起小我負能量的例子，其中一個最可笑的故事，莫過於我在紐約市旅遊的小插曲。我跟女兒參加「慾望城市」巴士之旅，導遊是一位熱情奔放的女性，在行前說明會時，她邀請在場每一位遊客想想看，自己跟劇中哪一個角色最相近：凱莉、米蘭達、莎曼珊或夏綠蒂？只有我選了夏綠蒂。

導遊很大聲地說：「這樣啊，那妳還滿吹毛求疵的嘛！」大家都笑了，唯獨我笑不出來。

自從巴士駛離行人道，旅程正式開始那一刻，我就怒火難消。什麼？我吹毛求疵？太荒謬了吧！夏綠蒂不是妄下定論的人，我一點也不吹毛求疵！小我忿忿不平，連聲開罵：「主辦單位怎麼會雇用如此沒經驗的導遊？她不應該在大庭廣眾之下批評客人，太不專業了！」

小我的攻擊言論接踵而來，當我說服了自己，那位導遊還真是妄下定論，怎麼可以說我吹毛求疵呢？我這才意識到，小我正占上風暗自竊喜。我女兒狐疑地看我，我不自覺笑了。

「妳會覺得夏綠蒂吹毛求疵嗎？」

她對我翻白眼：「媽，這是眾所皆知的事呀！」

夏綠蒂依舊是我最愛的角色，包括她的缺點，她的一切，但是這個小插曲給我一個靈感，我想要建立一張檢核表，有點像「小我警報器」，每當任性的小我凌駕於真實完整的自我之上，就給我一記當頭棒喝。

如果放任小我不管，最糟糕的情況是，小我成了信念模式。小我明明在為自己找藉口，你卻誤以為小我是在支持你，到頭來對任何人都沒有好處。如果你繼續自以為是，自認為高人一等，反而會難以切換狀態，超前感受。小我想要讓你安心，理所當然要說服你，你永遠是對的一方，一切都是別人不理解你，不明白你的經歷。我看著小我走的路，發現是死路一條，我擔任個人教練多年，發明了「小我警報器」，幫助個案及時發現小我在作祟，以免為時已晚。

## 用「小我警報器」提醒自己

### 「小我警報器」包含三元素：小我的話語、小我的情緒、小我的小劇場。

#### 小我的話語

小我最愛說「應該這樣，應該那樣」，另有無數的變化句型，妨礙你向前邁進。一旦你發現腦海中浮現這些句型，就要拉警報了。

「他們不應該這麼做、這樣說話、這樣行動……。」

「這種事不應該發生在我身上。」

在什麼情況下，腦海中會冒出「應該」的句型呢？當你相信有人（也可能是泛稱或有機構（例如政府）傷害了你，損害了你，操弄了你，導致你陷入你不期望的情境，或者你覺得不該有的遭遇。每當我覺得「應該怎麼樣」時會提高警覺，確認是不是小我在說話。假設我面臨氣憤或沮喪的情境，義憤填膺地說「應該怎麼樣」時我會停下來問自己，這個狀態對我或別人有幫助嗎？如果背後是小我在搞鬼，答案絕對是沒有幫助。

## 小我的情緒

第二個元素是小我的情緒，當我想著或說著「應該怎麼樣」，內心有什麼**感受**呢？小我基於「應該」而萌生的情緒，其實也是自以為是的自我優越感。當你覺得某件事應該發生，或者不應該發生，你其實在暗示，某人必須站出來為此負責。小我在你耳邊私語，這不是你的錯，反之是別人的錯，制度的錯，小我的情緒一直在煽動你，助長你錯誤的自我價值感。

## 小我的小劇場

第三個元素是小我的小劇場。當你覺得誰應該做某事，誰不應該做某事，你會在心中捏造各種情景。依照小我編寫的小劇場，別人對於你說的話，只能夠百般支持，唯唯諾諾，無條件同意，反正別人只有道歉的份，唯有你，才是最了不起的人，大家都佩服你的聰明才智！聽起來真棒！然而，小我的小劇場永遠不可能成真，雖然你看得自鳴得意，自覺高人一等，卻都是虛假的。一直沉醉於你自己想像的故事，並無法激發自我反省，也無法增進你跟別人的感情，甚至包括你跟自己的感情。

## 小我散發負面情緒

如果你的感受和思考受制於小我，小我那些自以為是的情緒，舉凡渴望認可、憤怒、否定、沮喪、驕傲，都會開始佔上風，根據霍金斯博士的量表，這些都是能量極低的情緒[3]。

**負面情緒**絕不可能為你或身邊的人創造**正能量場**，更糟糕的是，這些負面情緒會害你陷在戰或逃模式，妨礙身體去療癒或重生，更別說超前感受了。小我怎麼可能會激勵你去感恩一切，透過這個最強大的正向情緒，做出驚人的改變呢？當然不可能！小我毫無能量可言，像懦夫似的，躲在你最黑暗的想像底下，老是覺得別人在打擊你，或者命運在捉弄你。

有些超無能的高階主管，令人心情惡劣的企業領袖，幾乎都無法控制自己的小我。在他們底下做事，根本無法成長，因為這種主管要求每件事「盡如己意」，任由小我去掌管一切，背負著「控制狂」的惡名。但是沒有人可以完全順著你做事情，何不放下控制欲，帶給你和別人更多正能量呢？如果總想著「以我為尊」，絕對做不到超前感受。

假設你是創業家，獨力作業居多，預算吃緊，缺乏資金，正卯足全力實現自己的夢想。這時候你的腦袋瓜很容易成為孕育小我的溫床，杜絕了成功創業家所需的新思想和新行動。很可惜，我見過不少創業家，太急著邁向永無止盡的成功之路，以致小我基於保護心態，助長自我封閉，不接納別人的協助或建議，只顧著避免失敗或走錯路。

## 你也陷入冒牌者症候群嗎？

小我還有更討厭的形式，稱為「冒牌者症候群（imposter syndrome）」。什麼？這不是「缺乏自信」嗎？自認為是冒牌者，深怕被人拆穿和取笑嗎？小我希望你誤以為，一切都只是自信不足罷了，但冒牌者症候群何止如此呢！這其實是小我在害你原地踏步啊！**自以為是冒牌者，殺傷力特別大**，可能發生在任何人身上，有再高的成就，仍覺得自己不夠好。

冒牌者症候群有幾種不同的徵狀，包括：

- 你覺得自己並沒有別人眼中那麼的聰明、成功、有自信。
- 你深怕有一天會「被拆穿」，甚至會蒙羞。
- 你覺得別人比你更有資格成功。

你覺得自己會成功，不是因為能力好或有天分，而是因為運氣好、有人脈、天時地利人和，反正都是跟你不相干的因素！

不論男女都可能出現冒牌者症候群的徵狀，只是女性特別會說出來。我曾聽過一大群女性在討論冒牌者症候群，彷彿這是輕鬆平常的事，我在旁邊聽得毛骨悚然。這種毫無根據的焦慮情緒，經常擔心自己不夠有價值，可能被別人拆穿，於是不敢接受升遷，不敢接下演講的機會，不敢探索新的可能性。當你相信自己是冒牌者，你會有一堆自嘲的言論，不懂得讚美自己的成就，不接受自己的能力或獎賞，始終覺得自己爛透了。

如果發生在聰明、成功、果決的人身上，冒牌者症候群就會更難搞定了，畢竟聰明人的小我，格外的聰明。一旦心靈被小我纏住了，彷彿被一條繩子，綁住腦袋和心，把你的心和感覺全搞糊塗了，令你再也做不出你期望的行動。

為什麼超前感受要強調戰勝小我和冒牌者症候群？一旦小我偽裝成冒牌者症候群，實則在背後主導一切，你就無法持續創造你期望的狀態，成為你期望的那個人。

別氣餒！擺脫冒牌者症候群有幾個方法！你要做的事情很簡單，先確認你正處於冒牌者症候群哪一個階段。

## 第一階段

先來說第一階段，跟第二章的內容有關，我先前提過，人腦習慣做模式比對。如果你覺得自己是冒牌者，擔心未來有一天，別人會拆穿你**不**夠好，**不**上進，**不**適任。小我老在你耳邊碎碎念，說一些惡毒的無稽之談，你的腦袋就會進行比對，拼命找證據來佐證你的信念。你覺得自己不夠好嗎？於是你會觀察同事的行為、言談和舉止，總覺得對方行得正坐得直，自認永遠不可能達成。你的腦袋開始天馬行空，深化這個觀點，拿別人做的好事，對比你的每一個錯誤或失誤。

### 第二階段

到了第二階段，你只看到自己是冒牌者，當然會迎向不樂見的未來。

### 第三階段

最後，進入第三階段，你依然自覺是冒牌者，於是過度分析小細節，在意芝麻小事，猶如滾雪球一般，在心中形成難以跨越的障礙，終究會裹足不前，悲慘度日。

## 戰勝小我，避免冒牌者症候群

我來分享一位個案的故事，她成功戰勝了冒牌者症候群。蕾拉是優秀的藝術家，希望有一天可以開個展，可是對她來說，開個展的目標太大了，於是她決定先找當地的藝術家辦聯展，建立起自己的信心。雖然聯展並沒有個展那麼難，蕾拉卻遲遲不動工。蕾拉找我當她的個人教練，希望建立自信，隨之浮現她的內在議題。

蕾拉跟我說，她家鄉屬於傳統的亞洲文化，不支持女性舉辦個展，這導致她遲遲跨不出第一步，連展覽的日期也敲不定。蕾拉老是對自己說：「我還沒準備好」、「我的知識不夠廣博」、「像我這樣的女性辦不好個展」、「我的前置工作還沒有做好」。

蕾拉**寧願**受制於文化傳統，也不願專心思考該如何前進。她的腦袋一直在想著，一旦跨越傳統角色會有什麼後果，於是她**更加確信了**，改變並沒有什麼好處。我的教練手法，向來以勸誘為主，但蕾拉太固執了，她的小我太執著了，我只好直來直往。

我問她有沒有良師益友。蕾拉笑了，她說有幾個，其中一位是知名的女性藝術家，現為國際知名藝術學校的主任。

「她支持妳正在籌備的兩個展覽嗎？」我問。

「是啊。」蕾拉驕傲的說。「我什麼事都會跟她討論，她聽了我的策展計畫，滿懷期待，說她會支持到底。」

我聳聳肩。「看來妳要另外找人生導師了。」蕾拉面露害怕的神情問：「為什麼？」

「因為妳並不信任她。」

我正在調整蕾拉的狀態，我跟她解釋，若她不相信她的人生導師，不照著人生導師的建議去做，何必要這個人生導師呢？我繼續說，「更何況，我聽妳的描述，她是一位忙碌的重量級人物，雖然妳們在相同的文化長大，但她最後還是成功了。妳遲遲無法採取行動，如果讓她知道了，她會有一點失望喔，我相信除了妳之外，還有很多年輕女藝術家等著她的支持。」

蕾拉的狀態變了，從開放投入轉為防守，我看到她這個反應，我就知道了，我已經撼動她的思考模式。我打算來一個修改版的超前感受練習。我邀請她想像未來有一天，她拿著一杯外帶咖啡，從她最喜愛的咖啡廳離開，途中她停下來看牆上的海報，原來是她們那群藝術家要辦展，展覽地點就在蕾拉考慮的展場，可是策展人卻是別人，另一位女性藝術家。當蕾拉只想著阻礙，別人卻想著讓展覽成真。我問她，當她想到這裡，內心有什麼感受呢？

蕾拉的表情變了，從炯炯有神轉為猶疑不定，但我還沒說完呢！我請她想像未來有一天，她跟朋友聚會，大家聊到另一場展覽，她兩個朋友讚不絕口，其中一位朋友轉身對她說：「妳難道沒想過要舉辦類似的展覽嗎？」

我說完的那一刻，蕾拉露出痛苦的神情，而後我終於在她臉上看見決心。

「我不可以再這樣自以為是了，對吧？」她小小聲說。

這就是錯失恐懼症（Fear of Missing Out，FoMO）的情緒，跟小我一樣的古老。我不建議一直處在這種情緒裡，但這是很強大的催化劑，可以破除小我的魔咒。超前感受會善用這個工具，逼迫大家去想像，如果再不調整狀態並控制小我，你就會迎向讓自己後悔的未來。

## 戰勝冒牌者症候群的祕訣

蕾拉的故事正好呈現了，冒牌者症候群的三種心魔：

- 誤以為自己不夠好。
- 陷入有害身心的比較。
- 在意一些芝麻小事，勸自己保持現狀。

我們有可能永遠擺脫冒牌者症候群嗎？當然可以！我自創的個人教練課，一部分就是在戰勝冒牌者症候群，這是很有用的工具，當你破壞冒牌者症候群的根基，戰勝小我，便能夠超前感受，迎向你真正渴望的未來。

我們來統整一下，如果你或你身邊的人剛好有冒牌者症候群，可能有哪些心魔呢？

### 戰勝第一種心魔

大家還記得吧？蕾拉說自己不夠好，總會反覆提到「我」。每次我聆聽冒牌者症候群的個案說話，聽到「我」的次數，就跟聽到「應該」一樣多，比方：「我不配」、

「我終究會讓人看破手腳」、「我還沒準備好」、「我不該升職」、「我不夠好」。

當我發現個案誤以為自己不夠好，便試著推翻他的思考框架，請他舉例說服我，在他的圈子裡，有沒有跟他類似處境的人，或者處境比他更慘的人，遲遲無法成功。比方那一位藝術學校的主任，跟蕾拉擁有相同的成長背景。我採取客觀務實的手法，請個案想一想，有沒有哪一個跟他類似處境，或者比他更慘的人，從未取得成功，結果他們想破了頭也想不出來，自然而然的，破除他們自認不如人的錯誤感受。這就是第一階段。

## 戰勝第二種心魔

再來是有害身心的觀察，冒牌者症候群會一直找證據，強化自己的無價值感。

這時候我會建議個案，把人生想成跑步比賽，不再跟別人比較，不再把目光放在別人身上，不再想著別人似乎都擁有你沒有的東西。你有看過哪個運動員參加跑步比賽，老是看著他身旁的選手嗎？沒有吧？如果你把焦點放在別人身上，關注別人的成就，你絕對**不可能**發揮到極致，不可能感受自己的美好。因此，第二階段是停止關注外在，專心奔向你想去的地方。

我跟蕾拉閒聊時，她連策展的第一步也做不到，連個日期也拿不定主意。訂好確切的日期，不是策展的關鍵，卻象徵她願意迎向嶄新未來，跨越舒適圈，勇於接受失敗或嘲笑。於是，我給蕾拉兩個選項。我問她，她想成為策展人呢？還是眼巴巴看著別人實現自己的夢想呢？幸好她很勇敢，改變了自己的狀態，運用超前感受的技巧，迎向她期望的未來。

## 戰勝第三種心魔

小我會竭盡所能勸說你，別去嘗試新挑戰。我們常用的俗諺，也在勸大家明哲保身，以自我為本位。比方：

- 事前小心，總好過事後後悔。
- 驕兵必敗。
- 明槍易躲，暗箭難防。

• 三思而後行。

這也未免太消極了！我個人的親身經驗，加上我做了研究調查，訪問無數人，再三證明要擺脫小我的窠臼，必須轉移情緒的焦點，從「**向內看**」轉為「**向外跨出去**」。當你感激你擁有的一切，就**不會太在意**自己的不足。我認為最有效的方法，正是拒絕自我傷害的觀察，如此一來，你只會想著你做了哪些貢獻；懷著關愛和感恩，只會想著你有哪些進步，別執著你做不到的事，自然會打破有害身心的觀察和冒牌者症候群的惡性循環。慎選你的語言、焦點和注意力，那個早已等著你的未來，就會出現在你眼前。

> 時間會向前推進，不是因為時鐘滴滴答答響，而是因為我們做的每個抉擇。除非我們做選擇，否則未來就不會有定論。
>
> ——湯姆．蒙托克（Tom Montalk）

每天一早起來，我們就開始做選擇。你希望怎麼開啟全新的一天呢？

你想要落實超前感受了嗎？

# 第 9 章

## 掌握你的每一天

- 你預計要早起，卻繼續睡懶覺？
- 你會不會在前一天晚上，想像你隔天要怎麼過？
- 你心中明明有清楚的目標，一想到要付出那麼多心力，就深怕自己辦不到？

在心裡告訴自己，每一天都是今年最棒的日子，唯獨你，擁有你的這一天，既然你是主人，你就不會任由苦惱和焦慮破壞這一天。

——拉爾夫．沃爾多．愛默生（Ralph Waldo Emerson），思想家

## 超前感受的第二心法——維持最適狀態

頂尖人才有什麼祕密武器，掌握自己的每一天呢？難不成把每天二十四個小時壓榨到極致嗎？不是的。無論在哪一個領域，頂尖人才懂得創造「最適狀態（Goldilocks condition）」，確保每一天都發揮得恰到好處。

妳可能還記得金髮姑娘和三隻熊的童話故事，有一個金髮小女孩闖入三隻熊的家，趁著棕熊們不在家時，在屋裡大肆享樂，把三隻熊的椅子、碗、床全部用過一遍，找出「最適合她的」，等到三隻熊回家時，看見金髮女孩正睡在小熊的床上。

從現代的觀點來看，金髮女孩一點也不體貼，她擅自闖入三隻熊的家，任意翻找屋內的物品，讓自己舒服自在。無論哪一個版本，金髮女孩都是一個不隨便屈就的人，她不會一張椅子坐到底，一個碗用到底，一張床躺到底，反之她把每一個都試過了，再來決定哪一個最合適。

「最適狀態」是超前感受的另一個科學基礎，由史蒂芬·霍金最先提出，應用於熱力能量學，描述科學上所謂的「正合適」狀態❶，比方恆星的誕生，或者行星演化完成，適宜生命生存。科學家認為，唯有當每個物質元素都臻於完美，每一個粒子都達到「最適狀態」，才有可能實現新突破。

該如何把「最適狀態」應用到日常生活中，掌握你的每一天，每天都順著你的期望度過呢？

## 為何你不該設定目標，而是要立下志向？

說到掌握每一天，你可能以為我要教大家如何規劃、組織和排定日程表，讚頌一日之計在於晨。超前感受的邏輯正好相反，**凡事最好在前一天晚上計畫**。掌握每一天，有一點類似倒帶人生，正如同《愛麗絲鏡中奇遇》愛麗絲跟白皇后的對話。我們不用寫好每日待辦事項，然後按表操課，達成特定目標，反之依照超前感受的邏輯，掌握每一天的原理很簡單，就是當成你早已實現特定志向，想像那種人會怎麼過日子，你就怎麼過日子。

為什麼我寫的是「**志向**（aim）」，而非**目標**呢？對我來說，「志向」這個名詞，比目標更能夠激發使命感。志向比目標更廣泛一點，你會視潛在的需要，隨時轉移和調整你原本選擇的方向。目標是固定的，無法調整，一旦沒達成目標，大家就誤以為自己失敗了。如果是一般的目標設定，通常會把目標加以細分，切割成幾個線性的步驟，分次達成。志向比較彈性，也比較遠大，比成敗二分法更容易達成任務。

從現在開始，這本書會分享很多超前感受的案例，你只要勤加練習，就會更容易掌握每一天，而且超級有效。

## 跨欄選手埃德溫成功的祕訣

我最喜愛的例子，莫過於埃德溫．摩西（Edwin Moses）的人生。埃德溫是美國四百公尺跨欄選手，他設定了清楚的志向，掌握自己的每一天，開創出一個非凡的人生。

如果你沒聽過埃德溫，讓我告訴你他人生非凡的原因：**埃德溫曾經有長達九年九個**

**月九天的時間，在他的主賽項目無人能敵❶。**

我說的無人能敵，意指他贏了每一場賽事和預賽。我敬佩埃德溫，九年那麼長的時間，他肯定有身體不適時，勁敵環伺時，心情煩躁時，或者身體痠痛疲倦時。自從我調查埃德溫的體育生涯，我就猜想他可以在很多賽事奪冠，除了運動能力和定期訓練之外，肯定還有其他因素。

為了突顯埃德溫的特殊成就，我想先介紹四百公尺跨欄比賽，讓大家體會這種肉體的挑戰。如果跨欄選手從一個跨欄到另一個跨欄之間，平均要跑十四步，這樣每一次跨欄都必須換腳，可是每個人都有慣用腳，就像慣用手一樣，這樣每次跨欄都換腳，絕對是一大弱點，可是又不可能每次都跨出同一隻腳，除非把十四步縮減為十三步，然而要做到這樣，必須同時拉大步伐和維持飛速，著實有難度。

埃德溫剛投入跨欄比賽時，當時各大賽事的跨欄選手，還沒有人可以固定步伐的長度和數目，以致跨欄與跨欄之間的步伐並不一致，但埃德溫靠著自我訓練，以及他主修的物理學，他心想，如果可以維持十三步，他每次跨欄就會用同一隻腳，進而爭取足夠的時間和衝勁，遙遙保持領先。埃德溫還針對快抵達終點線的衝刺短跑，設計一套訓練課程，提升他自己的耐力。我寫這本書時，埃德溫依然是頂尖的跨欄跑者，永遠在跨欄與跨欄之間維持十三步。當我發現他這項成就，內心大為振奮，逢人分享這個故事，包括我在旅途中遇見的陌生人。

我有一集 Podcast，專門探討如何發現你奇特的天賦。每一個人都有這種天賦！比方我很會在飛機上交朋友，成為生命中的好友，甚至事業夥伴，建立長期的人脈。唯一的例外是瑞克，我記得那是一班從聖地牙哥飛往紐約的班機。我們在飛機上差點吵起來，導火線就是埃德溫。

我在那次飛行途中，得知瑞克在管理專業棒球隊。我提到我針對這本書做的調查，包括埃德溫飛毛腿的故事。我講得很起勁，瑞克卻無動於衷。

「沒什麼特別的。」他說。

「真的嗎？可是他稱霸好多年耶？」我絞盡腦汁，想不出有其他運動員也同樣百戰百勝。

瑞克聳聳肩說：「偶爾就是會有一些人稱霸體壇。」

我不同意。我想問瑞克，他這輩子有沒有什麼強項，在全世界稱霸了九年九個月九天？只可惜他前一晚也是搭飛機，人已經夠累了，一副要睡的樣子，我只好用優雅的沈默，表達我的不同意。事後想一想，我還滿感謝瑞克反駁我，帶給我新的思路。瑞克說的有道理嗎？埃德溫贏得一次又一次跨欄比賽，難道只是把物理條件做了嚴密分析，加上他堅持不懈的訓練。我難以接受這個答案。

我回顧數十年的個人經驗，以及我深入研究個人改造，雖然每個人都夢想著榮耀，為此努力練習，但只有某些人會成功，其中只有更少的人懂得樂在其中。

頂尖運動員不屈不撓的自律精神，不知不覺培養出絕佳的能力，可以保持良好的表現，在特定幾天限制飲食、睡眠和身心狀態。然而，光是努力訓練和夢想榮耀，**並不保證**結果會「恰到好處」。

## 為何成功達成目標後，卻沒有幸福感？

有多位奧運金牌得主出書或受訪時，聊到當他們站在頒獎台上，聽著國歌的音符繚繞整個運動場，內心卻悶悶不樂，孤獨空虛。此外有奧運選手提到，每次離開頒獎典禮，回到選手村的房間，總會不自主悲傷哭泣，而非喜極而泣。很多奧運選手明明應該充滿喜悅，卻都在得到獎牌後，陷入長期憂鬱。

傳奇泳將麥可．費爾普斯（Michael Phelps）在一次受訪中❷，坦承他有憂鬱症和自殺念頭，呼籲美國奧委會幫助運動員戰勝憂鬱症。麥可預估有高達九成運動員，會在奧運之後罹患憂鬱症，其實不光是奧運，世界各國的運動員，無論是哪一個領域，都曾經公開心理健康問題。

大家看到運動員的倦怠和落寞，總以為是高壓身體鍛鍊的副作用，但我想多研究頂尖運動員的心理健康問題。難道這就像我們一般人，努力達成輝煌的成就，可是目標達成了，受到眾人稱羨，幸福感卻沒有隨之而來嗎？

數年前，我結識伊恩・克拉布（Ian Clubb），他曾經擔任澳洲雪梨奧會的人資主任，我很好奇奧運選手背後的心路歷程，於是我問了伊恩，他擔任那個職務的期間，有什麼偉大的成就嗎？他竟然回答我，「沒有半個選手自殺！」

伊恩跟我解釋，每結束一場奧運賽事，澳洲的奧運管理團隊至少會有一個選手自殺。伊恩上任之後，隨即發現這個悲哀的趨勢，從此以後，他的志向就是零自殺，他還真的做到了。

自從新成員加入奧運組織團隊的那一刻起，伊恩就開始執行「零自殺」策略，即使奧運還在遙遠的未來，大家仍勇於分享奧運結束後的工作計畫，以及對於奧運結束後的人生有什麼期待。如此一來，奧運閉幕並非奧運組織團隊的終結，而是要邁出新步伐，朝著未來更長遠的志向邁進。

因此，我好奇埃德溫在體育生涯中，是不是也懂得分辨「志向」和「目標」。

埃德溫曾經說過：「**我練習時，總是盡力追求最佳表現，把比賽這件事拋諸腦後**❸。」

這段話讓我很有共鳴。運動選手大多是目標導向、任務導向，律己甚嚴，在心中觀想每一場賽事，夢想自己站在頒獎台的那一刻。因此，早在成功降臨前，就過著冠軍選手的生活方式。這跟我先前提到的隨機字彙實驗不同，畢竟運動員不可能等到**贏了**再來練習。埃德溫這種優秀的運動員，平常的生活和訓練，完全比照奧運冠軍的標準。運動員特殊的鍛鍊方式，幾乎跟超前感受的心態不謀而和，這在創業圈倒是很少見。

## 實踐志向，才能迎來美好結局

創業家開口閉口就是「當我……」，這是一種不切實際的期望，希望自己飛黃騰達之後，幸福感和成就感隨之而來，落入這種想法的人不只是創業家，一般人也容易落入「當我……」的流沙陷阱：「當」我有更豐厚的收入；「當」我有意志力早一點起床；「當」我的企業開始賺錢；「當」我找到適合的對象；「當」我到了「X」歲；「當」我買了公寓／跑車／體育隊；「當」我有了孩子；「當」我成功瘦下來；「當」我累積一百多萬粉絲或數十萬下載量……族繁不及備載。如果每一天都想著「當我……」，永遠不可能掌握每一天，還可能淪為目標的奴隸。

如果換成埃德溫呢？他漂亮贏得比賽，會有什麼反應呢？他會突然崩潰嗎？他有退賽的經驗嗎？完全沒有！他一場又一場接著比，全心全意實現他的志向，盡力跑出亮眼成績。埃德溫勇奪奧運金牌後，繼續在世界盃奪金，然後在人生第四度參加奧運時，勇奪銅牌，光榮退役。

如今，埃德溫在運動管理界佔有領導地位，繼續為運動界貢獻心力。雖然他不再奪牌了，但他的體育生涯劃下優雅的句點，因為他所追求的，從來不是贏得每場比賽。雖然埃德溫屢戰屢勝，但他自始至終只追求個人最佳表現，而非奪牌和受人讚揚。

我必須坦承，我以前也是目標導向型，為自己設定了好多目標和任務。隨著人生災難降臨，罹患癌症，逼得我調整自己的思考。我終於領悟到這輩子能夠控制的只有自己的情緒；診斷出乳癌的那一天，我澈底覺悟，唯有消除歹徒攻擊事件所留下的傷痛，我才有餘裕容納希望。直覺告訴我，人生有再多的成就，也無法支持我活下去，如果想要活久一點，就要自己創造強烈的正向情緒。既然我現在心有餘力不足，那就要聰明一點，讓自己事半功倍，我只要想著，等到塵埃落定後，我想懷抱什麼正向情緒呢？

我期待自己，成為一個更活在當下、更有愛和責任感的母親。工作上，我想更務實一點，整個團隊都仰賴我衝鋒陷陣。我想為更大力支持身邊的人。我在乎的是，我貢獻了多少，而非我做了多少。每天到了夜晚，我會捫心自問，我有沒有為了自己和別人，盡力奉獻自我？有沒有活出我期待成為的那個人，不再屈服於現實條件？我經歷很多黑暗時刻，但是我做完手術和化療之後，我完全康復了，我發現罹癌的過程中，我一直都是幸福快樂的，從未有死亡的恐懼，每一天都過得精彩無比。

現在回頭看，我發現我不由自主的，秉持超前感受的精神過日子。我知道懊悔和苦惱只會帶來壓力和痛苦，所以我不希望自己活得像癌症病人，反之，我希望每一天都活得幸福、健康、精彩。

## 讓身心投入全新的生活模式

當你落實超前感受，你的焦點會變得不一樣，本來只忙著執行一個又一個任務，如今要設法把未來帶到現在。再怎麼周全的準備計畫，都可能因為人生意外事件而打亂，因此無論發生什麼事，你都要依照自己的志向，慎選你當下的情緒，否則不可能掌握你的每一天。

難不成，超前感受就像鎮定人心的海浪，在你身上拍打過，你的人生就會隨即改變嗎？不可能！所謂的超前感受，絕非安靜坐在沙發上，保持正向思考，未來就會奇蹟似的改變！

**掌握**每一天，意謂著你要**採取行動**，駕馭你的情緒和強大的能量，為身體和心靈創造新的模式，這絕非只是為了達成目標，執行一個又一個的任務。

我好想跟大家分享，該如何統合大腦、心靈、感受、量子科學的力量、觀察者效應、纏結，進而掌握你的每一天，線索就藏在這一章的主題「活得像你未來期望成為的那個人」，從你早上醒來的那一刻，超前感受會幫助你擁有美好的一天，彷彿你已經過著期望的人生。

這跟你以前學的東西，絕對很不一樣，不只是設定目標、達成目標和獲得成就感這麼簡單！量子科學還沒出現以前，大家說到目標設定，就是一切向前看，把目標切割成幾個執行階段，比方一年、三年、五年為期。反之，超前感受基於量子科學，把這種規劃模式斥為無稽之談，因為這樣子很容易卡關。譬如，有些人總是達不成目標，卻硬要追求目標，更甚者只顧著執行任務，卻因為一事無成，始終過著自己不期望的人生。

我想說一句安慰的話。如果你不清楚自己的志向，不知道具體的細節，也不知道該如何下手，那就先回到本書一開始。記住了，你是完整的。那麼，你難道就是完美的嗎？不是的！沒有人是完美的。為了成為你期望的那個人，你可能要培養新的技能，從他人獲得協助，改變生活型態或信念等，但是你不用擔心，你的志向就是你的延伸，而你依舊是你。我會教大家如何找到自己的志向，但在這之前，我先分享幾個案例。

我的個案喬治是位會計師，一直無法設定志向。他偏向左腦思考，他設定的目標向來是「X」年內招募多少新客戶，或者營收要提升「Y」，所以他在設定目標時，並不會放太多情緒。他對於自己的目標，甚至沒有任何期待！「我就是喜歡當會計師啊！」他無奈的說。

我陪他回想童年的角色扮演遊戲。小時候的他，有什麼志向呢？喬治回想起，他一直想成為警察或消防員，拯救陷入危險的人。我們一起探索下去，最後喬治終於有了突破，他發現自己的志向是「從無用會計師的魔掌中，拯救出可憐的客戶」，所以他立志成為超級英雄會計師，盡其所能為企業擺脫財務困境，這是我們相識以來，喬治第一次為他的志向感到喜悅，而且他滿心期待！

## 當現實和理想有落差怎麼辦

當我指導個案如何掌握每一天，大家最常提出的問題是，「如果現實和理想有落差呢？」雖說要過得像自己期望的那個人，但如果現在的條件不許可，過不起那種日子，該怎麼辦才好？回想一下吧，本書一開始，提到大家小時候玩的角色扮演遊戲，有著神奇的轉化力。

**掌握每一天，意味著超前感受，超越現狀，活出未來的自己。**

我另一位超前感受的個案具有財經背景，叫做賈思敏，一直在擔心現況跟她理想的人生有落差。賈思敏的公司步入正軌，希望在未來十二個月，把營收提升兩倍，她的志向是成為自信成功的商業人士。賈思敏很聰明，擅長規劃，專注細節，但她已經三年沒達成目標了。她跟哈利一樣，都覺得「草創階段」太長了。賈思敏還滿能理解超前感受，但只要涉及財務和資源，她就覺得難以落實。她擔心的是，除非她達成財務的目標，否則根本不可能掌握每一天。

禮拜一早上，賈思敏打電話問我的建議，她內心很激動，不知道該如何面對理想和現實的落差。她提到內心的糾葛來自於上週末，她跟擔任教師的先生共度一個浪漫的周末假期。當他們週日醒來，因訂房附早餐的服務而走進餐廳，但看到早餐的菜色興趣缺缺，兩人決定到旅館外用餐。由於賈思敏負責管理家裡的財務，想到自己創業尚未成功，就多浪費錢買兩份早餐，罪惡感油然而生。

賈思敏期待自己的未來，可以成為健康自律的人，我質疑她的是，為什麼她無法立刻變成這樣的人。我問賈思敏，禮拜天下午，她和老公回家後做什麼事。賈思敏露出困惑的神情。「既然是禮拜天，我做了家事，還看了電視。」我們聊到目前該如何落實超前感受，賈思敏突然興沖沖的打斷我。

「我懂了！如果我做到了超前感受，我會**放心去吃早餐**，完全不擔心錢的問題，更何況我的心思放錯地方了，不應該怪自己多花錢，何不把時間拿來做下星期的規劃，把星期一發揮到極致呢？畢竟我有太多新業務要忙，真應該拿出日記本，為下星期做好打算，敲定我要穿的衣服，設定好鬧鐘，早點起床做運動。我會在星期五下班前，規劃下星期優先處理的事項，所以我星期日的腦袋很清楚，當然不會浪費兩小時看電影，而是會看一看新聞，確認有沒有什麼消息會影響我的生意，我也會問一問老公，他下星期有什麼安排……。」她在我的鼓勵下，一直說個不停，她抓到重點了！

兩個禮拜後，又到了我們定期的教練課程，我跟賈思敏聊到她最近有什麼進步。首先，她有一點遲疑，這不太像她。「好神奇。」賈思敏說。「上一季，我已經針對新業務做了很多規劃，但我們上次聊過以後，我更努力的落實超前感受，專心成為我期望的那個人，那個人的手下有一個活力十足的團隊，專攻特定的市場，吸收新客戶。那天我們談話結束，我終於明白該如何掌握我的星期天，從此以後，我每一天都過得不一樣了。我做了妳分享的超前感受練習，內心突然湧現一股強烈的感恩之情，彷彿我期望的未來**早已**成真。我確保每一份檔案都做好更新，每一套流程都準備就緒，以便完成更多的工作量。」

「一切都變得井然有條。就在我們聊完的隔週，我最頭痛的員工麥特辭職了，我隨即透過人脈聯繫新的人選。新人選的能力、活力和態度都很出色，我從沒想過他會考慮加入我的團隊，迫不及待要跟我一起共事。」

「那個月的營收超乎我原本的期待，下個月也是，但最大的改變是我調整過日子的心態，我把每一天都過得像我**早已**擁有更成功的企業，我不再陷入『早應該』的魔咒裡，比方『我早應該提高利潤』，『我早應該放下這件事』，我感覺我掌握未來的每一天，棒透了！」

賈思敏的每一天，都沉浸在她期望自己該有的心態中，一如艾倫．蘭格（Ellen

Langer）教授所做的實驗，讓自己沉浸在過去，變得更年輕。賈思敏成功運用超前感受，沉浸在她期待的行為和行動中，彷彿她已經稱心如意，擁有一門成功的事業。

你也做得到，快看我接下來的分享。

## 成功運用超前感受的六個方法

賈思敏等人面對現實和理想的落差，是如何成功運用「超前感受」呢？我整理如下：

**・調整狀態**

賈思敏多付兩份早餐錢時，還沒有調整好自己的狀態，後來她決定賦予那頓早餐不一樣的情緒，她心想，這是為了自己未來的健康著想。賈思敏也改掉週日看電視的習慣，澈底調整自己的身心狀態，預先規劃下星期的行程。

**・發揮正向情緒感受的力量**

過了那個週末，賈思敏澈底轉化自己的情緒，**感覺**自己是成功的企業家，正依照她期望的未來，規劃她下星期要怎麼過。

**・駕馭小我，以免卡關**

賈思敏覺悟了，她必須擺脫小我的煩惱，例如：「我早應該提升營收」、「真不該管什麼道義」，如此一來，她才有餘力去思考「該如何跨出下一步，創造期望的未來」。

**・慎選觀看的角度**

賈思敏是創業家，不在大機構上班，沒什麼機會跟別人比較，但賈思敏跟我坦承，她看到其他女企業家，仍會覺得別人比她更容易成功，更容易有成就感，但經過這次突破，賈思敏只放眼該如何扮演未來理想的自己，不斷在腦中創造連結未來的新迴路，以免故態復萌。

**・讓自己沉浸在未來**

賈思敏心知肚明，要成為成功的企業家，達成她期望的營收，她該有怎樣的行動和行為。我和賈思敏想出一個練習（敬請期待！），讓你的行為模式跟你期望成為的那個人保持一致，你就會順理成章活在未來裡了。

**・你期望成為的那個人會做什麼活動，你就做什麼活動**

我即將分享超前感受的練習，賈思敏正是靠這個練習，設身處地去思考，她期望成為的那個人，究竟會喜歡哪些習慣和活動呢？

好了，賈思敏的故事說完了，現在換**你**了。

# 第 10 部

## 如何創造自己

- 如果你現在活成你心目中的那個人，你能想像出你會有的感受和行為嗎？
- 如果你現在過著那個人的生活，你期望的未來會不會更快到來呢？

你不會得到你想要的，你只會得到當下的自己。

——娜塔莉・羅伊（Natalie Roy），女演員

## 超前感受的第三心法——全心全意，沉浸未來

有兩位少年都曾經夢想成為知名網球選手，第一個男孩叫做派特，在學校度日如年，但是一放學就拿著球拍，衝去附近的網球社訓練，如果臨時找不到夥伴對打，他也會自己練習，一直打到天黑或者網球社關門。派特回到家，一寫完功課，就到走廊練習打擊（他媽媽比我這個當媽的，還要寬容大度）。就連上床睡覺，他也會夢到網球，隔天一早起來，重複一樣的日子。派特在學校交遊廣闊，但他從不忘記網球，每次到了週末，禮拜六一整天，他都在網球社完成既定賽程，還會再安插幾場賽局。

另一個網球社的男孩戴夫，也很想成為網球選手，可是他跟派特不一樣，他長得人高馬大，發球很厲害，在當地經常贏得比賽。他喜歡比賽，但更偏好有系統的訓練和對打，讓自己具備專業的球技，戴夫**還真的**拿到網球獎學金，前往美國知名大學就讀，不料卻在多年後放棄網球，雖然有一陣子回到網球社擔任兼職教練，但後來就當起全職上班族了。

派特並沒有拿到知名大學的獎學金，但他**一路**從青少年排名，成人排名，一直打到全球第四的成績，贏得許多比賽，包括溫布敦網球賽。我怎麼會知道派特如此專心投入呢？因為這位網球名將派特．凱許（Pat Cash），跟我小叔是同一個網球社。派特小時候瘦瘦小小，老是在網球場閒晃，找人陪他打一局，從十五歲到五十歲都不放過，這早已是當地的傳奇故事了，他全心全意奉獻給網球的故事，至今依然在網球社流傳。

有很多故事都在描述頂尖運動員的全心全意。我們每個人都在渴望美好的未來，雖然不一定跟運動有關，但有多少人跟派特一樣，完全讓自己行為沉浸其中呢？超前感受有一個祕訣：**為了達成你真心渴望的事，你必須早在成功之前，就活出那個成功人士的樣子。**

派特從小小年紀，就開始履行超前感受，成為他期望的那個人。他沉浸於網球選手的人生，他很清楚網球選手該具備哪些知識和行為。結果呢？等到派特成為專業選手，他每天的生活仍一如往常，他繼續找人對打，觀賞其他球員的比賽，夢想成為世界第一。唯一改變的只有他的身分，他不再是學生了，而是貨真價實的專業網球選手。

戴夫就不同了，他上大學以後，發現大學所要求的訓練和對打，遠比以前更辛苦，他從未沉浸在這樣的未來中，他從來沒體驗過，如果要過這種生活，該接受怎樣的訓練，該有多麼自律。雖然他有打網球的天分，但他當下的生活習慣跟專業網球選手的生活有落差，妨礙他成為夢想的頂尖球員，反之，派特早就知道他未來要過的生活，也自願在求學的過程，盡可能沉浸其中。

現在教大家成為自己夢想人生的主人，我們必須重提艾倫．蘭格教授（Ellen Langer）的實驗，以及參與實驗的那些老人家。有一組老人家**沉浸在**過去，彷彿現在瞬間回到了過去，另一組老人家**只是回想**過去美好的回憶。雖然這兩組都有逆齡的跡象，但唯獨沉浸於過去的那一組，逆齡效果最顯著，也最長久。

## 沉浸未來和懷抱希望的差異

超前感受的過程中，你會先沉浸於你期望的未來，然後回過頭想一想，現在該有怎樣的行為。沉浸其中和懷抱希望是兩碼子事，因為沉浸其中需要更高度的動作、觀察和關注。

創業家無不引頸期待：等到產品推出**後**、等到第一份訂單談成**後**、等到第一桶金入帳**後**，成功就會手到擒來，個人就會有立即的改變，整個人的感受、行為和外貌，頓時會跟成功人士同步，可是，到底要等到什麼時候呢？等待驟變、等待有力人士關注你的產品、等待「有一天」有明確的「神蹟」出現、或者有什麼案子成交了，讓你成為夢想的超成功人士。就算達到了這些里程碑，你的感受、覺知和經驗也不會像成功人士，因為你會繼續等待下一個里程碑。

根據超前感受，如果你想要創造新的傳統，打造家喻戶曉的產品或服務，或者在任何領域功成名就，絕對不能等到重大突破**發生了**再來改造自我，反之你必須先發制人，在重大突破**還沒發生前**就先行改造。

為什麼我老是重提回春旅館呢？如果要依照量子科學來逆轉現狀，成為你**現在**期望的那個人，沉浸其中是必要的。你不可能只接受未來會發生的好事，卻拒絕承擔其餘的考驗，這就好比運動員只做自己喜歡的訓練，卻省略痛苦的鍛鍊！

## 與未來連結越深，越能創造期待的未來

**科學研究團隊探討我們跟未來自己的連結程度，如何影響我們對現在自己的態度。**實驗結果顯示，對未來的自己越能夠感同身受，跟現在的自己越能夠建立緊密連結。有一項實驗測試大家跟未來的自己連結有多深，一群勇敢的學生為了「做出科學貢獻」，答應飲用超難喝的液體❶。學生抵達實驗現場時，主辦單位提供兩個選項，一是立刻喝掉兩大匙難以下嚥的液體，二是延到下學期再喝，可是到時候，他們喝的不是兩大匙，而是半杯，相當於原本的四倍！當你讀到這裡，你會怎麼選擇呢？你想現在直接喝呢？還是再拖延個幾週呢？研究團隊發現，**你跟未來生活的連結程度，會影響你現在的自我管理行為。**

如果你無法想像未來的苦果，一不小心就會拖延重要事項。我們跟未來的自己連結有多深，其實從腦部掃描就看得出來。有一項科學研究❷邀請志願者接受核磁共振掃描，研究團隊掃描的腦部區域，如果我們正好想到自己，這個腦區會特別活躍，但奇怪的是，有些志願者想著未來的自己，那個腦區竟極為低迷，彷彿正在想著別人，可見那

些人難以跟未來的自己連結。如果受測者**擅長**跟未來的自己連結，確實比較會存錢，也不太會拖延，對自己也比較慈悲。

你看了這些寶貴的科學資訊，都在探討**連結**未來的自己，這對於**創造**你期望的未來有什麼幫助呢？

## 從戲劇表演找到沉浸其中的方法

> 我假裝成我想成為的那個人，直到有一天，我終於成為那個人，或那個人成為我。
>
> ——卡萊．葛倫（Cary Grant）

卡萊．葛倫是好萊塢名演員，他成功依照自己期望的未來，刻意創造一個身分。卡萊．葛倫的本名是亞齊．李奇（Archie Leach），他的家人不是有精神問題，就是有酗酒的習慣，家境十分貧窮。二十幾歲他前往好萊塢發展，只想把一切留在過去，於是為自己塑造新的身分卡萊．葛倫，當時任誰也想不到，卡萊．葛倫會成為男性魅力和高雅的代名詞。

當我讀到卡萊．葛倫說的話，忍不住想探索表演的世界，戲劇表演不只是「冒充」，而是一種假扮或假想，更偏向超前感受。表演有很多不同的派別和風格，主要的差別在於：

- 演員扮演角色時，是否**參照了他個人過去**的情緒累積呢？
- 想像這個角色該有什麼**情緒反應**，**然後**在表演中呈現出來。

待會再深入探討，哪一種表演風格跟超前感受最相似，現在先回顧這本書最初提到的重點。每個人都是完整的，你本身就有能力創造你期望的未來。我探討超前感受的主題，教大家如何創造行為、行動、能量和正向情緒，進而實現你期望的一切。難道是要你變成別人嗎？不是的！

你是在仿效你心中期望的自己，做那個你會有的行為，養成那個你會有的習慣。

你獨特的個性、怪癖、幽默感，以及你惹人愛的一切，絕不會因為超前感受而消失。你永遠是完整的，你現在是，你未來也是，正如同孔子在千年前說過的：「既來之，則安之。」

當我深思超前感受跟戲劇表演的關係，我讀了斯特拉．阿德勒（Stella Adler）的著作《表演的藝術》（The Art of Acting）❸。斯特拉是方法演技（method acting）的先驅，她的著作帶有工作坊的風格，按部就班教大家成為方法表演者，有助於演員沉浸在角色的思考和情緒中。斯特拉認為，演員在詮釋角色的情緒時，不應該夾雜自己過往的經驗：

> 如果為了讓自己哭出來，硬是沉浸在過去的情緒，或挖出自己過去的情緒，這樣是錯的！因為你不在過去的情境，你是在表演，正處於表演的情境中，你應該跟過去借行為，而非跟過去借情緒，這樣才能夠忠實詮釋。你詮釋一個完整的角色時，最好不要東拼西湊，一下是你兔子死去的傷痛，一下是你探望住院祖母的悲傷。

## 尋找你的內在渴求，停止自我懷疑

斯特拉還寫到，演員詮釋劇本中每一個動作，必須找出內在理由或情緒理性，比方開門或喝水等簡單的動作，一定要找出角色的內在理由。若暫時連結不到角色的內在理由，只是照本宣科表演，觀眾會覺得很假。

**內在理由**（Inner justification）是超前感受的三元素之一，有助於觀想你所期望的未來。如果你跟未來缺乏情緒連結，如果你在挑選那個未來時，找不到令你信服或期待的理由，你當然不知道該怎麼達成！反之，如果你有想像力，你懂得做白日夢，你會期待未來，就可以創造超前感受的心態，進而改變你的人生，這好像小時候的扮裝遊戲，一瞬間改變自己，隨即進入你選擇的未來。

有時候，真正的阻礙並非想像不到未來的自己，或者不願意改變現在的行為，而是懷抱一個受限的信念。我曾經擔任一位創業新手的個人教練，他名叫皮奧特，每次要跟投資人募資，總是缺乏信心。皮奧特的志向是從表演工作轉為製片／導演。在我們談話的同時，他第一次擔任導演，正在尋找願意投資新人專案的初期投資人。資金不足是他心頭的大石頭，他感覺人生正在卡關，成功機會渺茫。

我們見面時，皮奧特顯然不願意相信，怎麼會有人願意成為第一位投資人。我問他原因，皮奧特提起他跟創業家朋友的定期聚會，大家會互相吐槽彼此的創業計畫找不到金主，我立即打斷他：

「如果你遇到期盼已久的投資人，你心裡卻想著，他們絕對不會投資你，你心中這種想法，難道不會影響你在會議的表現嗎？難道不會影響你在會議室營造的氛圍嗎？」

皮奧特頓時想通了，他這樣擔心東擔心西，根本無助於提升他在投資人會議的自信心。我請皮奧特絞盡腦汁去回想，過去十二個月，有哪些創投計畫剛開始啟動。皮奧特想出了一堆，滿懷期待的看著我。我問他，有哪些創投計畫是第一次募資？全部都是啊！於是我質問他，如果大家都不想當第一位投資人，有很多新點子、新產品、新製作都不可能實現了吧？

接下來，我麻煩皮奧特想一想，有沒有什麼合適的人選？**總會有**投資人願意一馬當先，或者有冒險的心理準備吧！我問他，他身邊有沒有什麼人，期待成為第一位投資人？如果皮奧特可以落實超前感受，想著投資人早已存在那裡，他只要付出心力找到這些人，別再管那些可能會拒絕他的投資人，豈不是更有效率嗎？

我們現在思考整個情況，已經切換到超前感受的角度。我問皮奧特，如果他已經過著他期待的人生，他會有什麼不同嗎？假設他已經成功轉換跑道，開始做導演和製片的工作，會不會更有信心去募資呢？皮奧特說他會，因為到了那個時候，他已經募得第一筆資金，可能會展開下一輪融資。於是我們討論到，那樣的他會有什麼穿著，會如何籌備投資人會議，更重要的是，這個已經成功募資的他，每次召開投資人會議之前，會懷抱多大的信心呢？

皮奧特運用更深度的超前感受，進一步顛覆他的觀點。首先是**觀察者效應**，他現在更聚焦了，他假設自己已經成功募資，有信心召募更多新投資人，或者向既有的投資人勸募更多資金，**他只關注**跟這個未來有關的一切。於是，皮奧特**真的**比以前更積極參加會議，努力搜尋投資人，會見熱情的第一位投資人，最後**果然**募得他期望的資金，遠比他想像更快達標，他也沒有以前那麼緊張、高壓和自我懷疑。我滿心期待，無比驕傲的看著他進步，皮奧特的信念和態度都不一樣了。這本書出版時，我得知他第一部作品大獲成功，已等不及要在電視上好好欣賞了。

皮奧特再也不擔心有可能「被拒絕」。賈思敏也是同樣的道理，她會去設想她期望成為的那個人，絕對不會怪自己多花兩客早餐的錢。賈思敏覺悟了，如果她再繼續維持現狀，抱怨業務沒有成長，做一些令自己卡關的事情，她永遠也達不到她期望的生活。

我期許大家，從現在開始想像自己喜愛的人生！這就是換一個思考角度，重新規劃人生。超前感受是一段激進的過程，你只管實現夢想，不用管如何實現。

## 實踐超前感受的三步驟

請你依序進行這三個步驟：

- 擁抱人生志向
- 找出內在理由
- 採取行動

我先來簡短介紹一下，然後再分享幾個例子和技巧。

## 擁抱人生志向

我統整超前感受的原則時，突然間想到，如果大家覺得人生是一段旅程，為什麼在追求目標時，非要逐一達標不可，否則就感覺不到幸福和成就感呢？更糟糕的是，等到完成大目標那一刻，反而沒有預期的幸福感，更甚者還感到空虛。

志向比起目標，更能夠**形塑**你期望的人生，而非把人生**定義得死死的**，更何況志向會隨著你的人生成長和改變，相形之下，目標並不會成長改變，因此當你達成某個目標，就不可能再達成同一個目標了，但是你永遠可以活出你的志向，比方那一位超級英雄會計師喬治。

如果你還沒找到合適的志向，志向不一定跟工作有關，你大可為社區貢獻心力，擴充自己的知識底蘊，開創新事業。你的志向就跟你這個人一樣，獨特而完整。

現在想一想，你過去為自己設定哪些目標，去探索那些目標背後的志向。我們總以為自己追求的是目標，但其實每一個目標背後，都有最重要的宗旨。想不通嗎？我來為你釐清一下。

**目標：**當醫生。

**志向：**治癒別人；發現新療法；認識身體；追求社會地位；成為特定領域的佼佼者；或者保障自己未來的就業。

假設你的目標是當醫生，只可惜學業成績不夠好，考不上醫學院。**達不成**目標，輕則失望，重則懷抱失敗的恥辱。但是，當你明白考取醫學院，只是完成你志向的其中一種途徑，你自然會轉換方向，考慮其他選擇，不會讓自己耽溺在失敗的感受中。

## 找出內在理由

這就是情緒的部分了。你的志向必須征服你的心，淹沒你的心靈，填滿你的靈魂。你的內在理由，不妨看成你的人生目的，在你想像未來時，你會信服你自己，由衷產生強大的正面情緒，其餘全部幻化成背景。那些會阻礙你的人事物，再也不會轉移你的注意力，例如：犧牲自己來取悅別人、擔心自己格格不入、為了別人而擱置自己的夢想。

如果你活在你夢想的生活中，無論是期待自己成為創作者、慈善家、盡責的父母、創業者、演員、音樂傳奇或思想領袖，你會直接過著你夢想的生活，因為內在理由夠強大，再也沒有任何事可以**阻止你**。

## 採取行動

你的內心深處早就知道了，你期望成為的那個人會有什麼行動，會有什麼行為。如果你真的不確定呢？有很多資訊可以幫助你，不妨自己做一下研究，看一看有類似志向的人如何過生活，然後採納適合你的建議。無論你最後選擇做哪些行為，培養哪些新習慣，你依然是那一個完整的你，直接活在你期望的未來裡。這裡有幾個關鍵字：「採取行動就對了！」你不確定該怎麼做也無妨，**直接開始吧！**超前感受絕非呆呆坐著，期許未來降臨。

## 試著寫下你的志向

### 試著寫下你的內在理由

### 試著寫下你要採取的行動

我舉一個例子向大家證明，**志向**、**目的**和**行動**如何相輔相成。我們回到喬治的例子，他為了實現自己的志向，調整他的商業傳播策略，以前他不用社群媒體來行銷自家公司，但他後來覺悟了，他必須盡量觸及潛在客戶，盡量「節省」人力，於是喬治轉移焦點，全力觸及潛在的客戶。此外，喬治調整自己的角色，他以前花一整天處理的事情，現在全部交給別人來做，所以他招聘一個商業經理，負責管理公司內部事務。

我還在修正超前感受的概念時，正好跟祖克柏研究所的同事，同時也是我的好朋友麥可・立帝（Michael Littig）在紐約喝咖啡。我跟他分享超前感受的基本原則，我有注意到他啜飲咖啡時，露出困惑的神情，似乎沒有被我說服。他問我：「誰來確保你對未來的自己負責呢？」我明白他為何會有這個疑問，因為我們在祖克柏研究所做的每件事，都必須確保自己和其他人履行承諾。

這個問題很好，我很感謝他提出來。我的答案就是你完整的自己，你要為未來的自己負責，就像你現在的自己，也在為過去的選擇負責。你不妨試著這樣想：隨著時間推進，每一件你現在做的事，都會成了過去做的事，進而創造你的未來。

> 今天是未來的過去。
>
> ——伊莉莎白・古爾德（Elizabeth Gould）

換句話說，如果你現在不調整自己的行為，不追求你期望的未來生活，無論是現在或未來的你，都會感到失望。我再提醒一次，你今天做的小改變和小行動，都會創造你的大未來。

大家先想一想上述三個步驟，尤其是內在理由或目的，我再來分享如何觀想未來的自己。

在這之前，我先簡單介紹潛意識的運作原理，還記得泳池酒吧的沁涼感受嗎？你的心會傻傻分不清楚，你是想像自己在游泳，還是你實際在游泳。如果你經常想著自己在做某件事，會在大腦創造新的連結，彷彿這件事已經真實發生，而非只是在做白日夢。

**觀想**（Visualizing）**是刻意在心中想像**。如果你曾經花時間觀想自己的期望和夢想，現在聽我分享一下，依照超前感受的原理，觀想該如何做到呢？不管你有沒有這樣的經驗，現在都把眼睛閉上，維持幾分鐘的時間，想一想你未來會期待發生的事。

好了嗎？我問你一個超重要的問題（我跟你保證，這個問題會**顛覆你的想像**）。

**你在觀想的過程中，你是在觀賞一部你主演的電影呢？**

**還是你澈底融入其中，看著事件在你眼前發生呢？**

這兩種技巧所引發的效應，截然不同！現在閉上眼睛，想像你贏得奧運金牌。如果你只是在看你主演的電影，你會看著快樂的自己捧著花束，站上頒獎台，攝影機對著你狂按快門，你正在向民眾揮手，自豪得聽著你國家的國歌，可是，依照這種觀想的手法，你彷彿是旁觀的第三者，看著你的外在自我經歷一切。

反之，如果你透過自己的眼睛，看著事情發生，彷彿你身歷其境，甚至你低下頭，看著自己的雙腳站在頒獎台上，主辦單位呼叫你的名字，群眾一陣歡呼，你聽得熱血沸騰，感覺自己的手臂在揮手，你環顧四周，從自己的眼睛看見群眾鼓掌歡呼，國歌的音樂聲響起，你的內心洋溢著幸福。

我喜歡強調這兩種觀想手法的差異。你有沒有發現，當你看著群眾，感覺身體的脈動，你「奧運奪牌」的那一刻，是不是變得無比真實？如果你以前都不是這樣做，只是看著你自己演一齣虛構的電影，肯定會覺得難以融入。

## 觀想未來的自己

這裡提供幾個建議，幫助你觀想未來的自己。第一個步驟很簡單，我通常會先閉上眼睛，在心中想像我要去跑步，我準備穿襪子和球鞋，我會想像兩隻腳逐一穿好襪子，手正在綁鞋帶，在我的心中，感覺肌肉收縮。如果你沒有在跑步，不妨想像你熟悉的動作，例如準備上床睡覺、刷牙、發動車輛。等到你越來越熟練了，再來想像不久會發生的小事，比方跟朋友約在咖啡廳吃早午餐。

透過你自己的雙眼，看見未來的事件逐一發生，這極為有效，也是超前感受的關鍵元素。這種觀想會在潛意識創造信念，讓你相信事情真的發生了，以致你自導自演的那件事，頓時成了潛意識的過去事件。當你透過**行為**來強化那一份記憶，未來彷彿成了過去，你的心根本無從分辨那件事發生了沒。

聽不太懂嗎？我來分享我個人的例子。十年前，我和老公收購了一家財經顧問公司，過沒幾個月，全球金融危機就來了，一些以股票市場為本的營收銳減，我們必須募得更多資金才行。當時資金周轉不靈，加上我身體不好，暫時放下工作，我們又剛換了大房子，這樣才住得下我們雙方總共四個孩子。羅伯是財經專家，對數字極為敏銳，所以他很擔心，反觀我不知怎麼的，總覺得船到橋頭自然直，而我親愛的老公習慣左腦思考，不太能理解我強烈的樂觀主義，他老是問我：「錢從哪裡來？妳是說突然會冒出一袋錢嗎？」

我就是這樣想啊！但羅伯不吃這一套，如果他不知道**怎麼弄到錢**，他根本無法如此篤定。可是，羅伯知道我多次戰勝人生的災難，他也大概知道超前感受的概念，所以他答應先重整那家公司，彷彿我們手頭**有足夠的資金**。同時，我們決定出售部分股份，總計為30萬美元。

現在還沒有一袋錢從天而降，我們採取這個務實的行動，果然幫了大忙，否則我真沒頭緒，不知道該如何募得更多資金。我回想我的個人經驗，以及我讀過的偉人傳記，我知道沒有人可以準確**預知**未來。我透過自己的眼睛觀想，我跟羅伯坐在會議室，感受我的手正在寫我們討論的擴張計畫，而且我們募得必要的資金。我感受自己走在文具店，雙手正在挑選貨架上的辦公用品，放入購物籃中。更重要的是，我順便觀想自己當下的感受，內心極為平靜，相信公司會步上正軌。

自從我們出售股份後，那筆錢匯入公司帳戶，羅伯一回到家，隨即跟我宣布一項驚人的新消息。我們不是收到一筆30萬美元，而是收到兩筆30萬美元，總共60萬美元，顯然哪裡出錯了，羅伯馬上寫信給股票經紀公司，提醒他們金額有問題。

結果情況變得更詭異了，羅伯收到的回信說，他們的帳戶顯示，只匯給我們一筆30萬美元，然後我就跟羅伯討論那筆錢！我從來沒想過，我們可以花那筆錢，畢竟那不是我們的錢。我有一顆法律腦，我擔心的是，該怎麼把這筆錢還回去，該還給誰，但股票經紀公司堅持沒有那筆錢。難道是詭異的洗錢騙局嗎？

我們決定把那筆錢存入特定帳戶，把那筆錢衍生的利息，用來支付我們企業貸款的利息，如此一來，我們就不會碰到那筆錢，卻可以把企業貸款的利息付清，大概有十二個月的時間，幫了我們大忙，讓公司發展一如預期。就在那個會計年度快結束時，羅伯接到股票經紀公司主管的電話，他語氣相當激動，由於會計人員才剛剛發現帳目對不起來，問我們是不是多收到三十萬元。羅伯承認有這筆錢，想要匯回去給他們，那位主管喜出望外。

這一段超前感受的經歷，太令人印象深刻了，即便我有作家的想像力，也**想像不出來**，我們會這樣獲得額外的資金。我們運用超前感受來調整感受和信念，彷彿我們早已獲得必要的資金。

我希望你繼續讀下去，因為就快要進入重頭戲了！你準備好把超前感受融入生活中了嗎？

人生不是在尋找自我，而是在創造自我。

——蕭伯納（George Bernard Shaw）

# 第 II 部

## 如何創造未來

- 當你想像未來，你對於未來可能發生的事，有一個清晰的圖像呢？還是只有模糊的概念呢？
- 你會不會好奇怎麼把超前感受落實到日常生活中？
- 你想不想用全新的方式看待自己，讓你的身心更快重整，邁向期望的未來？
- 你可以趁睡前創造什麼強大的未來意象呢？

生活的同時，你在創造你自己的宇宙。

——溫斯頓．邱吉爾（Winston Churchill），英國首相

## 把超前感受落實到日常中

每天晚上回到穆荷蘭大道，我會在心中觀想，有導演或重量級人士對我說，「我欣賞你的表演」，我會觀想我期望的事情成真。雖然我當時一無所有，但這樣想一想，我感覺就好多了。從此以後，每次我開車回家以前，心情都會變好，我覺得我做了這些事情，這些早已存在，只是我尚未得到。我寫給自己一張一千萬美元的支票，把日期壓在三年後的感恩節兌現，就在這個日期之前，我就從《阿呆與阿瓜》（Dumb and Dumber）這部電影拿到一千萬美元的酬勞……當你相信你會擁有它，你就會擁有它。

我好愛這段訪問，歐普拉・溫芙蕾（Oprah Winfrey）和金・凱瑞（Jim Carrey）的對談有太多吸引人的吉光片羽了❶。金凱瑞完全不擔心，這麼棒的角色**怎麼會**找上他，他只是專心創造他的未來，他根本不清楚他會演出哪一部電影，哪一個類型，哪一個導演，他對於這些細節一概不知，只是運用超前感受，一股腦兒迎向成功。他特別提高了經驗的強度，包括他會有什麼感受，他會看到多少金額的支票。

金凱瑞創造未來的方式，還有什麼值得學習的地方嗎？他挑選的地點是不是有特殊的魔力呢？他寫支票的動作是不是把觀想變得更逼真了？

一切又回到我們超乎想像的潛意識，潛意識可以處理10,999,950筆資訊，**大勝**我們的大腦。我們何時會善用這麼多潛藏的訊息呢？埋頭寫考卷時？開在不熟悉的郊區道路上，忙著赴約時？組裝 IKEA 家具時？還好都不是，**潛意識最活躍的時間，正好是你什麼都不做的時候**。大腦無所事事，並不是冥想或無念無想，而是「隨機片斷式無聲思想」（Random Episodic Silent Thinking），也就是大家常說的觀想（visualizing）。

而且你現在知道了，當你在幻想時，就是在逆轉時間。

你會如何觀想或幻想，進而逆轉現狀，立刻實現未來，這是極度個人化的習慣。有很多作家建議，最好在早晨培養好習慣，但是金凱瑞發現，**每天睡前**也是一段特殊的時光，更何況大腦並不在意現在幾點，只要可以讓大腦休息，無論哪一個時段，你都可以盡情穿梭於過去、現在和未來。

我先前說過，海馬迴（倫敦計程車司機就是運用這個腦區，讓自己穿梭在倫敦的大街小巷）扮演重要的角色，會影響你如何去重新經驗過去的事件，在心中創造屬於你自己的劇本。更棒的是，海馬迴在我們睡眠時最活躍。趁睡覺之前觀想，比你清醒時更有效。依照我個人的經驗，我每天最後想的一件事，絕對是我想過怎樣的人生，我想成為怎樣的人，沒想到這獲得了科學的驗證。

有一項研究❷測試學生打完電動後，還記不記得遊戲中的迷宮。第一組學生打完電動可以小睡片刻，第二組受測者打完電動只可以坐著看影片，過了五個小時，大家再度接受迷宮遊戲的測試。如果你跟我一樣愛睡覺，恭喜你！第一組有小睡片刻的學生，在第二次迷宮遊戲的表現，確實比那些保持清醒的學生**更好**。奇怪的是第二組學生明明有連續五小時，一直在想著迷宮遊戲。第一組學生趁睡覺時想著迷宮遊戲，或者趁小睡片刻想像著迷宮遊戲，第二次表現明顯進步了**十倍**。

迷宮遊戲和小睡片刻的實驗，究竟跟超前感受有什麼關係呢？**許多研究都證實了，前一晚最後的念頭，將是隔天早上的第一個念頭**。如果把大腦想成電腦，你有個表格開了一整晚，你隔天起床，那個表格會乖乖等著你。當你創造適合的環境條件，一整晚的時間，心靈會善用潛意識的力量，準備把所有心力貫注於你隔天的重點項目，所以要慎選你的關注對象。你大可看影集看到睡著，一整晚想著別人家的故事，但你也可以觀想你期望的未來，趁你睡覺時，看著你過著自己期望的生活。

每當你的心靈保持專注，就好比計程車司機記憶倫敦街道，大腦會鍛鍊得更強大，以後再遇相同的主題，你會更快建立神經連結，正如同多鍛鍊肌肉，肌肉就會變強壯。即使你每天只針對超前感受的某一個面向，趁睡覺時建立神經連結，你就是在幫助強大的潛意識，澈底展開正向的改變。

艾德．米萊特（Ed Mylett）在某一集播客節目（The Ed Mylett Show）中，聊到專注力和觀想。艾德．米萊特很厲害，他是商業領袖、作家和創業家，那一集的來賓是菲爾．米克森（Philip Mickelson）❸。

菲爾是美國專業高爾夫選手，高爾夫球史上，只有12位選手拿下高爾夫四大賽的三座冠軍，菲爾正是其中一位。艾德好奇的是，菲爾到底是如何成為頂尖運動員，畢竟菲爾剛踏入體壇時，並沒有預期的順遂。菲爾娓娓道來：

> 觀想和心理準備，就跟賽前身體訓練一樣有效……。
>
> 觀想時，你會看著自己臻於完美，觀想自己每一次都完美揮球。我記得有一年名人賽前夕，我回憶起之前慘遭淘汰的畫面，甚至想起我前一個禮拜，打得超級爛。所以，我連續五天都沒有打球，從禮拜六、禮拜天、禮拜一、禮拜二、禮拜三，一直到名人賽。因為身體揮不出我心目中的好球，我乾脆宅在家裡，拿著球桿，觀想我完美一揮，一桿進洞。那五天，我都在練習九洞。最後，我排名第三，雖然沒有贏，但打出一些很棒的球，至少比我前一個禮拜打得好，這完全是觀想和心理準備的功勞，所以這是很強大的工具，你必須把這些跟身體鍛鍊結合，可以幫助你做好準備。因為你觀想的自己，永遠是那麼恰到好處，那麼完美。

有很多成功的創業家，也是採取類似的方式，觀想一個跟現在截然不同的未來。有一集播客訪問了劉易斯・豪斯（Lewis Howes）[4]，劉易斯是崇高生活型態創業家學校（School of Greatness and Lifestyle Entrepreneur）的創辦人，分享他如何展望成功的未來，方法有一點類似金凱瑞。劉易斯提到他面對挑戰和痛苦時，會善用他所謂的「後見之明」，逼自己向前看：

我的思緒會跳到跨年，一年快尾聲了。從現在起到跨年，我跟誰聊過天呢？我經歷哪些事情，為我奠定成功的基礎？我享受哪些成功的果實呢？對我有什麼幫助嗎？我會特別感恩哪些人事物呢？每當我的內心感到痛苦、苦惱和背叛，不管是什麼負面的感受，我都會開啟後見之明……告訴我自己，一年後，一切都會好轉，我會學到寶貴的經驗，遇見更好的人，會有特別的改變。我只要讓自己沉浸於未來，就可以撐過低潮，我只要沉浸在這種看事情的角度，專心想我今天該做的事情，我今天控制得了的事情，我今天要以什麼樣的姿態示人，這對我很有幫助。我不會想著「這些事是衝著我來」，反而會像東尼．羅賓斯一樣，認為「這些事是為了我而來」。

如果你平常要練習超前感受，先別管那些阻礙你的人事物，你只要關注跟你心目中未來相關的一切，可是遠離煩惱本身，就是一件不容易的事。肖恩．貝洛克博士（Sian

Beilock）負責管理芝加哥大學的人員績效實驗室，專門研究為什麼人面對壓力會窒息[5]。當我們面對壓力，為什麼會表現失常呢？

肖恩這麼說：

> 高壓的情況下，人難免會擔心東擔心西，煩惱情勢、後果、別人的看法，可是，當我們把心力都拿去煩惱，反而會自亂陣腳。沒錯！我們太在意自己的表現，求好心切，往往會淪為控制狂。有些事最好處於自動導航模式，擺脫意識控制，以免弄巧成拙。

所謂的擔憂，就是擔心**會不會成功**，然而，超前感受不會煩惱這個，只關注**成功之後**的人生。

> 你無需問，何時會發生，反正就在此時此刻，此時此刻，此時此刻。
>
> ——金・凱瑞

我跟很多創業家共事過，他們就如肖恩所說，突然間卡關了，不知所措，只顧著一步步執行計畫，就好比皮奧特和傑洛米，擔心沒有如願實現每一步，卻忘了自己未來更遠大的志向，例如皮奧特和創業家朋友擔心沒有人會投資，都忘了要營造成功創業家的形象，讓投資人相信他準備好了，有信心邁向新的創業階段，否則任誰看到一位緊張不安的創業家，都不會相信有光明的未來。

## 超前感受並非正向思考

現在來釐清一些觀念，確保你不會搞混「超前感受」和「正向思考」。我先前提過，我對於正向思考極度的反感，因為我診斷出癌症時，身體健康的人都建議我「想開一點」，我內心對於這個建議的反應，一點也不正向！他們這樣安慰我，就好像健康的人對斷腿的人說：「不能走，那就用跳的，也是一種有氧運動！」超前感受是在發揮正向情緒的力量，反觀正向思考是一套有問題的工具。

假設你的車子壞了，正向思考總往好處想，相信車子會奇蹟似重新發動，可是這樣想根本沒用啊！反之，超前感受會選擇懷抱著信心，是因為當事人懂得採取有效快速的行動，尋求道路救援，快點離開現場，修好車子。

好了，我們比較過超前感受和正向思考，我再澄清一下，超前感受不是在製造幻覺，讓你誤以為未來會無憂無慮，完美無瑕。不可能！人生道路上，難免會有起伏，你不可能預知起伏有多大，但你可以選擇自己的情緒和反應。

面對人生起伏，只要調整一下心態，就可以迎刃而解，最好的例子就是我最愛的澳洲足球隊瑞奇蒙足球隊（Richmond Football Club）。瑞奇蒙足球隊已經有長達三十七年跟全國冠軍擦身而過，終於在二〇一七年抱得冠軍而歸，不料二〇一八年在預賽中失利，經過那一場痛心的失敗，瑞奇蒙足球隊有了自己的座右銘：「我們會在未來遇見最好的自己。」從此以後，他們球員受訪，總是給人一種感覺，彷彿在二〇一九年球季，他們絕對會踢出最佳表現。二〇一九年初，雖然輸掉了幾場比賽，有幾位主力球員受傷了，瑞奇蒙足球隊依然贏得全國冠軍，輸贏比數也創下第二高的歷史紀錄。當你相信成功會在未來等候著，當下的你會專心為未來準備。今日的每一項行動，有可能讓未來的你變得更強大，或者更軟弱。

瑞奇蒙足球隊如何面對二〇一八年痛苦的失落，正好展現了超前感受的兩大元素，一是**專注力**，二是**觀察者效應**。先環顧目前的情勢，**然後**再自行決定現況對未來的影響，這就好比第二章的雙胞胎兄弟，有同樣的境遇，卻選擇不一樣的未來。

其中一個雙胞胎兄弟，相信他別於選擇，只能繼續當酒鬼，他只看見負面的事件和環境條件，不斷強化自己的信念。面對酗酒的老爸，他內心所產生的情緒反應，直接呈現在他的感受上：「不公平，我的人生沒有希望了，這樣的我是要怎麼成功，別人就容易多了，他們不像我有一個酗酒的老爸。」一旦他陷於失望、忿忿不平、不幸的感受，他的心只會注意負面的一切，大家還記得大腦最愛找規律了吧！

另一個雙胞胎兄弟，心態完全不一樣。雖然有相同的經歷，卻選擇不同的感受：「我可以做得比爸爸好，只要我努力，一切都會好好的，我永遠可以找到人幫我。」

這對雙胞胎應該不知道，人腦有一個特殊的部位，可以像肌肉一樣鍛鍊，久而久之，**你只會觀察對未來和未來的自己有意義的人事物**。這個腦區稱為網狀活化系統（Reticular activating system，以下簡稱 RAS），位於大腦基部，宛如開關一般，如果你有特別注意的事物，RAS 就會提高警覺。

大衛・艾倫（David Allen）的解釋更有說服力，摘錄自《搞定》（Getting things Done）這本書❻：

> 人腦就好比電腦，也有搜尋功能，甚至比電腦更厲害！我們注意力放在哪，更甚者是我們對什麼有認同感，人腦就會自動瘋狂搜尋，自動依照既定的模式對號入座，以致我們會注意的細節，都會跟我們的信念體系與認知情境相符。如果你是驗光師，走進坐滿人的屋子，忍不住會注意有多少人戴眼鏡，但如果你是建築包商，可能會注意屋子的建築細節。

雖然注意力會受到個人專業的影響，但是 RAS 也會回應你潛意識的指令。你有沒有想買新車的經驗？你可能屬意黑色休旅車，有特定的廠牌和型號，當你決定「就是那一台了」，無論走到哪裡，你都會看到同款的車，彷彿這款車的數量一夕暴增四倍！RAS 很管用，它知道你對什麼感到興奮，於是努力搜尋這類的資訊呈報給你。然而，等到你買了黑色休旅車，想著這件事已經沒那麼興奮了，雖然你仍會在路上發現類似的車，但顯然沒有你剛做決定時那麼多。

RAS 很有意思。你可以透過意圖和感受，來調控 RAS 傳給你的資訊。我們回到買車的例子，幾年前，我老公開紅色奧迪轎車，搭配米色內裝。那時候，這種配色的奧迪並不多，但無論我去哪，都會發現這樣的車子，這是因為 RAS 會自動幫我搜尋我老公的車，畢竟我們感情很好，我總是期待見到他，即便他開著車呼嘯而過！幾年前，羅伯換車了，我走在路上，再也不會注意紅色奧迪。有一天我坐在車子裡，好奇我能不能重新開啟 RAS，注意路上的紅色奧迪。為了增添刺激感，我給自己一項挑戰，測試我一天可以發現幾輛紅色奧迪。從那一刻起，紅色奧迪又無所不在了！

## 只將專注力放在你的未來

超前感受的關鍵之一就在於專注力，你可以讓大腦陷入模式比對，也可能讓 RAS 交出你想看的資訊❼！你隨時能夠自行選擇，到底要把念頭或感受聚焦於何處，進而影響你的能量流動。專注力是關鍵，因為你的心無法應付互相矛盾的感官資訊。這樣說來，RAS是一心一意的，你不可能一邊想著幸福，一邊感受悲傷。假設你剛看完一部悲傷的電影，整個人蜷縮在沙發，拿面紙擤鼻涕，這時候室友走進來，請你講一個笑話。你的心不可能同時處理快樂和悲傷，除非你隨即調整狀態，為室友講一個笑話，否則你應該滿想轟走室友！

超前感受的另一項工具，就是**跟自己的呼吸連結**，可以幫助你成為你期望的那個人。你有沒有好奇過，為什麼冥想這麼強調呼吸？難道是深呼吸可以讓身體和心靈恢復平靜嗎？沒錯，但還有其他原因！我在第四章分享過坎達絲·珀特博士（Candace Pert）的研究，她談到身體和心靈的關聯性，你已經知道了神經胜肽這種物質，猶如無人機一般，可以在全身上下運輸情緒物質，送達身體各個部位的受體。

珀特博士認為，人體呼吸道有各種化學物質的受體。呼吸道從鼻子、鼻孔、鼻腔、嘴巴、咽喉到喉頭。深呼吸會幫助身體分泌化學物質，包括有止痛和提振情緒功能的胜肽。然而，深呼吸還有更多的好處。呼吸道不遠處就有迷走神經（vagus nerve），這團神經束貫穿全身。迷走神經健全與否，會影響你全身每一個器官，以及身體和大腦的連結。如果迷走神經一切正常，稱為「迷走神經張力」（vagal tone），深呼吸有助於強化迷走神經張力。迷走神經張力是身心健康的指標，也是情緒健康的指標。

這個超級強大的神經張力，到底跟超前感受有什麼關係呢？最近有一項實驗探討情緒和迷走神經張力，邀請七十位志願者連續九週記錄情緒的力量[8]，一半的受測者學習冥想和呼吸技巧，無論是對自己或對別人，都專注於善意的感受。等到九週實驗結束了，那些練習冥想的受測者，迷走神經張力進步不少，也提升了正向情緒。

我內心還有創傷時，成功運用了超前感受，讓我自己相信，我正在邁向勝利。我把這份經歷結合我個人的研究，加上我指導和訪問無數的人，我相信我可以幫助大家，創造正向情緒的能量，然後沉浸於期望的未來。超前感受就像成立全新的新聞頻道，全天候播放你期望發生的事件。你無須呆坐著，一味**清空**思緒。反之，運用超前感受的技巧，**填滿你的心靈**，從你自己的眼睛，看著你成為你期望的那個人，就像娜塔莉・羅伊（Natalie Roy）說過的那段話：「你不會得到你想要的，你只會得到當下的自己。」

超前感受有很多工具，你只要懂得每天坐下來幾分鐘，深呼吸並且經驗你期望的未來，就算其他工具沒派上用場，你仍會比你想像更快轉化人生。如果你是趁睡前，$\alpha$腦波反應最強時做練習，效果會更好。娜塔莉建議，你可以**想像你期望**的未來，這個做起來，就像兒時遊戲一樣簡單，我來詳細說明一下，該如何輕鬆遁入超前感受的狀態，得來全不費工夫。

我在前面幾章探討過，如何讓超前感受在物理世界發揮作用。如果從量子力學的觀點出發，一來要駕馭我們的情緒能量，二來**只觀看**跟期望未來有關的一切。

在你落實超前感受的過程中，真正的關鍵在於你**如何**看待當下，你是覺得棒極了呢？還是覺得不成氣候呢？當你專心於呼吸，慎選觀看的角度和行為的模式，就可以融合你的情緒、心靈、身體和行動。

## 「超前感受」白日夢練習法

要如何開始「超前感受」白日夢練習法呢？先選擇一項你希望發生的事件或情境，跟你設定的志向有關係，然後想像你早已活在那個事件或情境中，**深懷感謝**，彷彿一切都發生了，細節如下：

一、坐在安靜舒適的私密空間，等到你熟悉整套流程，大可轉移陣地，趁睡前躺在床上做，如果你需要有一點音樂，掩蓋你自己的呼吸聲，也可以播放輕音樂（我個人挑選 Legends of the Fall），我並不建議播放有人唱歌的歌曲，以免歌詞擾亂你。

二、音樂一開始，閉上眼睛深呼吸，回想你人生大事發生的瞬間，例如得獎、第一次買車、結婚、站在大家面前演講、生孩子、畢業典禮、期待已久的升遷、買了第一間房子，感受這件事湧現的情緒，感受這些情緒在腹部的攪動，心跳加速，以及內心的喜悅、自豪和興奮。重新經歷這些正向的「第一次」，體驗你該有的情緒層次，如果是我的話，我會想起第一次在書店看見我的書，內心無比的喜悅和感恩。

三、現在選擇跟你志向有關的事件，或者你希望未來發生的事，一定要是大事，不可以只是別人請你喝咖啡，或者別人讓位給你這種小事情。

四、透過你自己的雙眼，看著自己採取行動，彷彿這一切在你眼前如願的發生，比方你的目標是成為 TED 講者，想像你站在大禮堂，台下有無數聽眾，感受你一邊演講，一邊手舞足蹈，接著想像你演講完畢，聽眾發出震耳欲聾的掌聲，以及你內心滿滿的感恩和喜悅。

五、你不需要思考該如何實現志向，你只要相信一切已經發生，強烈感受到目標實現後的興奮和感恩。

六、你還可以跳脫特定事件，想像你整個人就是你夢寐以求的自己，你儼然就是一個會站在大家面前演講的 TED 講者，你會有什麼穿著？你有什麼肢體語言？你在演講之前吃了什麼東西？透過你自己的眼睛，看見自己沉浸在那種人生，那個期望的未來早已在等候你。

等到音樂結束，給自己一點時間，回到現在的自己，繼續過日子。小心喔！第一次執行超前感受，可能會累癱了，畢竟這隱含強烈的情緒，還要動用量子力學的時間觀，把你的心投射到未來。

每次你練習超前感受，無論你選擇觀想未來的哪一個層面，你都可以試著改變它，不妨任選一個層面，哪怕是健康、金錢、事業或人際關係，做一次或連做好幾次都可以，端視這件事對你的意義而定。

我練習超前感受，都是聆聽相同的音樂，在我睡前播放，就連我手機的鬧鐘也是這個音樂，所以我已經養成習慣，一聽到前面幾個音符，隨即會跟我的志向連結，起床變成一件容易的事，我每天迫不及待要開啟新的一天。如果你練習超前感受的配樂，就跟你的鬧鐘音樂一模一樣，你會讓睡眠和清醒無縫接軌。我對那個音樂太熟悉了，每當我進入超前感受的狀態，心中會不自主哼起來。

睡眠是潛意識最活躍的時刻，但除了睡眠外，還有其他時段也適合練習超前感受：

- 泡澡或淋浴時
- 慢跑或散步時

- 盯著燭火時
- 看海或待在海邊時

我**剛開始**寫這本書時，到處詢問親朋好友和個案，問他們有沒有興趣試一試。我知道這套方法對我管用，但是對其他人也管用嗎？也一樣簡單嗎？我後來收到回覆，得知超前感受提振他們的心情，澈底改變他們日常的行為，我喜出望外！

「超前感受的練習超有用！太……神奇了。上禮拜和上週末，我每天有很多事情要忙，每天只花了短短十到二十秒，做超前感受的練習，感覺好極了！我閉上眼睛，每天只專注想像一件事，雖然只有十至二十秒，卻讓我體內的多巴胺暴增，內心無比喜悅，就在那一刻，我覺得自己比想像更強大。」——Joanna

「當我練習超前感受，我對未來超有信心，我每天做的決定和行動，完全不一樣了。一切變得好簡單，我不用花什麼力氣，就把現在的自己變得更美好。我對自己的未來迫不及待，因為我期待的都會發生。」——Antonia

我特別為兩位好朋友，設計了一張工作表，包含了未來想感恩的三件事，以及當天跟未來有關的事項：

「我和老公都肯定學習的重要，於是跟著布芮尼．布朗（Brene Brown）和東尼．羅賓斯（Tony Robbins）學了很多東西，進行自我成長和探索。我們透過展現高我，持續連結內在自我，連結另一半，連結周圍的人。我不太愛願景板，因為沒有預期的效果，我比較期待具體的感受，終而活出最理想的人生。」

「我跟著伊莉莎白學習超前感受的觀念和練習，澈底改變我對每一天的看法。我和老公在每天早晨花十分鐘，運用超前感受的技巧，觀想工作表所有事項，然後一起回顧，每天晚上，我們還會再回顧一次。這拉近我們之間的距離，先是自我的成長，再來是婚姻的成長。我們倆的事業都蒸蒸日上（我們都在今年創業），我知道是超前感受的功勞。謝謝伊莉莎白，想出這個方法……我們會善用一輩子！」——海勒．雷德（Heather Radar，小馬王釀酒廠）

我讀了這些心得，實在太開心了。超前感受確實幫了朋友和個案，讓他們擺脫困境，相信自己夠好了，然後比想像更快做出正向的改變。當你懂得觀想你期望成為的那個人，創造那個人該有的感受和行為，你自然不會原地踏步。你的感受變了，焦點變了，你會全心全意成為你期望的那個人。

我**相信**，你絕對做得到。

# 結論：你是完整的

活著的目的，就是活出完整的自己。

——歐普拉．溫芙蕾（Oprah Winfrey）

想像你回到小時候，一個字也不認得，不在意別人怎麼想。真正的你，就是如此可愛、喜悅和自由。真正的你，就像一朵花，一陣風，一片海，溫暖的陽光。

——唐．米格爾．魯伊斯（Don Miguel Ruiz）

想像你住在綠色的世界。無論走到哪裡，你眼中的植物、樹木、草地、灌木，都是綠色調。就算換季了，每一種植物仍是綠油油的，一直到入土為安。你一輩子只認識綠色的植物，因為花園或盆栽長不出花來，花瓶也不會插著香氣怡人的花束，甚至沒有所謂的花店。整座城市，整片森林，整個田野，都只看得到綠色。

有一天你回到家，發現大門前的青草地，閃現一抹色彩。起初，你還以為是路人不小心落下的粉紅色紙片，後來你驚覺那一團粉紅色葉子，竟是從葉梗長出來的，摸起來軟綿綿。你彎低身體看了看，聞到甜美的麝香氣息。你太驚訝了，在戶外站了半晌，走進屋內後，仍忍不住想著它。你隨即拿了把剪刀，回到戶外，小心翼翼剪下冒出粉紅葉子的葉梗，恭敬端回屋內，讓葉梗泡在裝水的玻璃杯裡。

你興奮極了，一直邀朋友來觀賞這株「粉紅色植物」，過不了多久，你認識的人都看過了。你每天都很佩服自己，竟發現如此特別的植物，但你也發現植株的變化，憂心不已。粉紅色的葉緣逐漸轉為褐色，眼看它慢慢枯萎，你新挖掘的寶藏就快凋謝了，不禁黯然神傷。一天天過去，粉紅色葉子逐漸枯萎凋謝，獨留下葉梗。

除了悲傷之外，你也感謝這株特殊的植物，來到你的家門前，讓你們共度一段時光，它帶給你獨特而珍貴的感動。

如果你在發現粉紅色植物之前，早已見過其他花朵，感受會完全不同。你可能把它歸類為花，甚至歸類為雜草。你可能拿它跟其他花朵比較，覺得它長得不夠美。可是，如果你沒見過其他花朵，你不會比較，不會貼標籤，無論如何，那株粉紅色植物都是完美的，它本身已經夠好了。

小寶寶誕生時，大家絕對不會批評「他還不夠好」、「他還不夠完整」吧？大家到醫院道賀寶寶出生，絕不可能對他品頭論足，說什麼「他不應該長這樣」或「他應該那樣才對」。我們相信每一個新生兒都是完整的，但為什麼呢？我們這麼快就忘了自己是完整的。

你是獨特的、神奇的、完整的，就跟那株粉紅色植物一樣。現在的你，雖然沒有天賦異稟，也沒有過著人人稱羨的生活，但你依舊是完整的，你**確實**有能力成為美好的自己，過著你期望的生活，你不需要仿效任何人，正如每一顆沙粒都是獨一無二，你也是。我快寫完這本書時，我伊莉有限公司的元老狄倫．費茲傑羅（Dylan Fitzgerald）說了這段話：「當你持續追求更美好的自己，並無損於你的完整。」

我朋友潔琳．溫茲（Jalene Wentz）有一天聊到：「這就是你現在該有的樣子，做著你該做的事。」

你拿自己跟別人比較，會難以把注意力和正能量，全部貫注於超前感受。你太在意別人的所作所為，就不可能會成為你期望的人。你老是說自己不完整，不夠好，就永遠追求不到你期望的未來。

我寫這本書的序言時，我提到無論面臨再多的挑戰或災難，每個人永遠都是完整的，我書寫的當下，回想起我死期將至時，親自感受過那股堅信。有一天早晨，不知怎麼的，那段黑暗的記憶突然浮現，我正準備起床，跟其中一個社交團體開線上會議，但我還很想睡，不太想起床開會，但依照我個人的經驗，凡是我不想參加的會議，最後都會是重要會議，所以我還是起床了。

那場會議總共有三十多人參與，除了我之外，只有一個人也是女性，名叫愛麗絲。幾個月前有一場活動，我們曾經分配到同一組，雖然我們一起跳了舞，互相擁抱彼此，合力完成短暫的團體活動，但我們還不太熟。於是，我們聊起天來，愛麗絲隨即聊到，她曾經發生車禍身亡，還好經過幾分鐘搶救，她再度恢復生命跡象。

我驚呼：「哇，太有趣了。」我的反應太特別了，顯然不是她分享這個故事時經常得到的回應！我跟她提到超前感受，分享我差點死亡的經驗，例如我感受不到痛，一片寂靜，無比知足。我跟她確認，這也是她的經驗嗎？她回我：「一模一樣，只是我有跟六年前過世的父親說到話。」我聽得全身起雞皮疙瘩。

我們聊得很起勁，直到一股強烈的感受襲來，我們頓時安靜下來。

「真高興妳有救回來。」我說。

「真高興妳沒有死。」愛麗絲說。

死亡迫在眉睫時，人會有一種奇特的孤獨感，但也會感到平靜、解脫、完整，那是人生蛻變的一刻。我感謝自己有起床開會，否則就無法跟愛麗絲敘舊了。

我最後再分享一個故事。我前面提過東尼・羅賓斯，以及我從他身上學到的一切。這本書一開始，我就曾經引用他信中的話，但是等到我寫第八章的初稿，再度把整封信拿出來重讀，這是我有生以來，感受過最強烈的超前感受。

東尼這樣寫：

我一直很幸運，其中之一便是有這個榮幸，可以為妳這樣的人服務，妳找到自己內在的力量，克服難以置信的挑戰，以果決而謙卑做到量子大躍進般大步向前。

我剛讀到這封信，還沒聽過量子科學，我讀完也不記得東尼有提到量子，但是他對我的讚美，在我心中建立神經連結，最後促成了超前感受的構想。我重讀這段文字時，剛寫完量子力學如何融合能量和情緒，創造超前感受的強大能量，我不禁覺得，這封信是一份美麗的禮物。

每次寫完一本書，我都有一點悲傷，我會懷念那一段書寫、研究和訪問的日子，我還會有一股失落感，因為我寫作時，總會想像讀者在我身旁，我一邊寫著，一邊回過頭沉思，我寫得夠清楚嗎？有沒有更好的寫法呢？

現在只是暫別，我們還有很多相遇的機會，我深信，超前感受的風潮會持續茁壯。

我衷心祝福，你超前感受的未來，一切安好。

勇於活出夢想的人生，大步邁前，實現你的夢想。

——拉爾夫・沃爾多・愛默生（Ralph Waldo Emerson）

# 謝辭

我花了好多年構思這本書，設計超前感受的框架。那些跟我最親近的人，我超棒的家人，一直給予我最大的支持，他們對於我這個寫作計畫，持續展現耐心和包容，真是了不起！

我特別感謝我的女兒克萊兒，她幫我整理所有的註腳，堅持仿效她大學的講師，要求我提供資料來源，她搞不好還比那些講師更吹毛求疵呢！我知道她對細節的嚴格把關，所以她是不二人選，我跟她合作的經驗也很愉快。

至於我老公羅伯。我還能說什麼呢？他愛我真實的樣子，一直讚美著我，我能夠嫁給這樣的人，真是無價之寶！我永遠會記得，這是多麼珍貴的事！

伊莉有限公司（這是我們內部的暱稱）的工作夥伴，也一直在我身邊陪伴我踏出每一步。狄倫．費茲傑羅是我的左右手，我們一起共事很多年，那時候我都還沒有「超前感受」的寫作計畫呢！狄倫多次把我從科技地獄拯救出來，他總是兼具平靜和熱情，陪伴我學習新技能和新觀念，執行一個又一個「超緊急」專案。我的好友丹尼爾．范德．艾伊克（Danielle van der Eijk），跟我一起創立祖克柏研究所的全球領袖力學校，不僅是我的靈魂知己，也陪我再三確認超前感受的觀念，丹尼爾為我批改初稿，無比專業，同時提供我心理支持，做出絕佳的分析，在我受不了找資料的階段時，為我加油打氣。簡恩．埃默爾（Jane Ermer）是我這輩子的好朋友，她運用學術編輯和科學專業背景，為我做最後的把關，同時增添這本書的廣度和深度，我十分感謝。

我也很感謝布里．葛洛斯漢德勒（Bree Grosshandler），把我原本模糊不清又分崩離析的設計構想，化為這麼迷人的封面，讓這本電子書順利出版，我等不及要跟他合作下一本書了！

祖克柏研究所的家人們！再次感謝吉姆．奧古斯丁（Jim Augustine）。謝謝藍迪的支持，邀請我加入，成為祖克柏研究所的創始成員，讓我們一起串連並支持創業家。我的靈魂手足麥可．立帝和布萊恩．派翠克．莫菲（Brian Patrick Murphy），我很珍惜我們共同的興趣，支持各年紀的創業家，讓世界變得更美好。

我感謝所有支持我的人，以及我的好朋友們，包括南西·戴佛（Nancy Devers）、納瑞爾·強森（Narelle Johnson）、羅賓斯·昆斯（TR Robbins Queens）、我紐西蘭的好姐妹、海勒·雷德（Heather Radar）、馬丁·穆里根（Martin Mulligan）、葛拉罕·葛里芬-比爾（Graham Griffin-Beale）、凱倫·柯漢（Karen Cohen）、露絲·希勒（Ruth Hiller）。我也要感謝祖克柏研究所的家人，以及願意試讀這本書，跟我分享超前感受心得的所有人。

我感謝東尼·羅賓斯，我敬佩他有無盡的動力和使命，為這個世界貢獻心力，他對我的善意和支持，一直驅使我變得更好，我都好感恩。

最後，我要感謝所有陌生人（不相識的天使們），總是在我意想不到的時刻，不經意對我釋放善意。我感謝你們，即使我不知道你們的名字，或者沒有當面見過你們。

這些美好的感受，會把我們連結起來。

# 引用出處


## Chapter 1

❶ Leibovici, Leonard, "Effects of Remote, Retroactive Intercessory Prayer on Outcomes in Patients with Bloodstream Infection: Randomised Controlled Trial." *BMJ* 323, no. 7327 (2001): 1450-1451, doi:10.1136/bmj.323.7327.1450

❷ Bem, Daryl J, "Feeling the Future: Experimental Evidence for Anomalous Retroactive Influences on Cognition and Affect." *Journal of Personality and Social Psychology* 100, no. 3 (2011): 407-425, doi:10.1037/a0021524

❸ Bem, *Feeling the Future*, 31-32.

## Chapter 2

❶ Arntz, William, Mark Vicente, Betsy Chasse and Jack Forem, *What the Bleep Do We Know!?™: Discovering the Endless Possibilities for Altering Your Everyday Reality.* Florida: Health Communications Inc, 2007.

❷ Chabris, Christopher and Daniel Simons. *The Invisible Gorilla.* New York, United States: Harmony Books, 2007.

❸ Divine, Mark. *Unbeatable Mind: Forge Resiliency and Mental Toughness to Succeed at an Elite Level.* Mark Divine, 2015.

❹ Divine, *unbeatable mind,* 43.

❺ Duhigg, Charles. *The Power of Habit.* Manhattan: Random House Trade Paperbacks, 2014.

❻ "Information Theory." Britannica.com. Accessed April 24, 2019. https://www.britannica.com/science/information-theory/Applications-of-information-theory

❼ Ricciardi, Emiliano, Daniela Bonino, Lorenzo Sani, Tomaso Vecchi, Mario Guazzelli, James Haxby, Luciano Fadiga, and Pietro Pietrini. "Do we really need vision? How blind people "see" the actions of others." *Journal of Neuroscience* 29, no. 31 (August 2009): 9719-9724. https://doi.org/10.1523/JNEUROSCI.0274-09.2009

❽ Hartshorne, Joshua and Laura Germine. "When does cognitive functioning peak? The asynchronous rise and fall of different cognitive abilities across the life span." *Association for Psychological sociological Science* 26, no. 4 (2015): 433-443. https://doi.org/10.1177/0956797614567339.

❾ Maguire, Eleanor, Katherine Woollett and Hugo J. Spiers. "London taxi drivers and bus drivers: A structural MRI and neuropsychological analysis." *Hippocampus* 16 (2006): 1091-1101. doi:10.1002/hipo.20233 –

❿ Divine, *Unbeatable Mind,* 43.

Chapter 3

❶ Cottee, Kay. *First Lady*. Sydney, Australia: Pan Macmillan Australia, 1989.

❷ Grierson, Bruce. "What if Age is Nothing but a Mind-Set?" *New York Times Magazine*, October 22, 2014. https://www.nytimes.com/2014/10/26/magazine/what-if-age-is-nothing-but-a-mind-set.html.

❸ Jacobson, Edmund. "Electrophysiology of Mental Activities". *The American Journal of Psychology* 44, no.4 (1932): 677-694, doi:10.2307/1414531.

❹ Clark, Brian C., Niladri K Mahato, Masato Nakazawa, Timothy D Law, and James S Thomas. "The Power of the Mind: The Cortex as a Critical Determinant of Muscle Strength/Weakness". *Journal of Neurophysiology* 112, no.12 (2014): 3219-3226, doi: 10.1152/jn.00386.2014.

❺ Crum, Alia J., and Ellen J Langer. "Mind-Set Matters: Exercise and the Placebo Effect". *Psychological Science* 18, no.2 (2007): 165-171, doi: 10.1111/j.1467-9280-2007.01867.x

❻ Gould, Elizabeth. *Happy Children: Secrets of How They Think*. Melbourne: Michelle Anderson Publishing, 2009.

❼ Goleman, Daniel. *Emotional Intelligence*. London: Bloomsbury Publishing PLC, 1996.

❽ Langer, Ellen, Maja Djikic, Michael Pirson, Arin Madenci, and Rebecca Donohue. "Believing is Seeing: Using Mindlessness (Mindfully) to Improve Visual Acuity". *Psychological Science* 21, no. 5 (2010): 661-666, doi: 10.1177/0956797610366543.

Chapter 4

❶ Langer, Ellen J. *Counter Clockwise: Mindful Health and the Power of Possibility*. New York, United States: Ballantine Books, 2009.

❷ Kwak, Seyul, Hairin Kim, Jeanyung Chey, and Yoosik Youm. "Feeling How Old I Am: Subjective Age Is Associated with Estimated Brain Age". *Frontiers in Aging Neuroscience 10*, no. 168 (2018): 10, DOI: 10.3389/fnagi.2018.00168

❸ Gould, Elizabeth. *Secrets of Cancer Survivors*. Melbourne: Michelle Anderson Publishing, 2008.

❹ Sarkis, Stephanie A. "Watching Violent News Video Can Be Hazardous to Your Health". *Psychology Today* (blog), Posted October 2, 2017. https://www.psychologytoday.com/au/blog/here-there-and-everywhere/201710/watching-violent-news-video-can-be-hazardous-your-health

❺ Turner, Kelly. *Radical Remission: Surviving Cancer Against All Odds*. New York: HarperCollins, 2015.

❻ Fielding, J. W. L., S. L. Fagg, B. G. Jones, D. Ellis, M. S. Hockey, A. Minawa, V. S. Brookes, et al. "An Interim Report of a Prospective, Randomized, Controlled Study of Adjuvant Chemotherapy in Operable Gastric Cancer: British Stomach Cancer Group." World Journal of Surgery 7, no. 3 (1983): 390. doi:10.1007/bf01658089.

❼ Turner, *Radical Remission*, 94.

Chapter 5

❶ Al-Khalili, Jim, lecturer. *How Quantum Biology Might Explain Life's Biggest Questions*. 2015.TED. Online video, 16:09. https://www.youtube.com/watch?v=_qgSz1UmcBM.

❷ "It Took Surprisingly Long for Doctors to Figure Out the Benefits of hand Washing," History, accessed May 1 2019, https://www.history.com/news/hand-washing-disease-infection

❸ Vedovato, Francesco, Costantino Agnesi, Matteo Schiavon, Daniele Dequal, Luca Calderaro, Marco Tomasin, Davide G. Marangon, Andrea Stanco, Vincenza Luceri, Giuseppe Bianco, Giuseppe Vallone, and Paolo Villoresi. "Extending Wheeler's Delayed-Choice Experiment to Space". *Science Advances* 3, no.10 (2017): 1-7, doi: 10.1126/sciadv.1701180.

Chapter 6

❶ "Biofields- Heart Electromagnetic Field," Information-Book, accessed May 4 2019, https://www.information-book.com/biology-medicine/biofields-heart-electromagnetic-field/

❷ Freedman, Joshua. "The Physics of Emotion: Dr. Candace Pert on the Mind Body Connection and Feeling Go(o)d." 6seconds.org, 2012. https://www.6seconds.org/2007/01/26/the-physics-of-emotion-candace-pert-on-feeling-good/.

❸ Brandt, Andrea. "Science Proves that Gratitude is Key to Well-Being". *Psychology Today* (blog), July 30 2018. https://www.psychologytoday.com/au/blog/mindful-anger/201807/science-proves-gratitude-is-key-well-being

❹ Rudd, Melanie, and Jennifer Aaker. "How to be Happy by Giving to Others: The secret of the helper's high". *Scientific American* (blog), July 8 2014. https://www.scientificamerican.com/article/how-to-be-happy-by-giving-to-others/.

❺ Mylett, Ed. "How to channel energy to achieve your dreams". June 25, 2019. In *Ed Mylett Show.* Produced by Ed Mylett. Podcast, MP3 audio. 56:00. https://player.fm/series/ed-mylett-show/how-to-channel-energy-to-achieve-your-goals-with-cesar-millan.

❻ Beckes, Lane, James A. Coan and Karen Hasselmo. "Familiarity promotes the blurring of self and other in the neural representation of threat". *Social Cognitive and Affective Neuroscience* 8, no. 6 (2013): 670-677, https://doi.org/10.1093/scan/nss046

❼ Benson, Kyle. "The Magic Relationship Ratio, According to Science". *The Gottman Institute* (blog), October 4, 2018. https://www.gottman.com/blog/the-magic-relationship-ratio-according-science/

## Chapter 7

❶ Michaels, Susan H. *Sightings*. Australia: Fireside, 1997.

❷ Mayo Clinic. "Dissociative Disorders". *Mayo Clinic.* November 17, 2017. https://www.nytimes.com/1988/06/28/science/probing-the-enigma-of-multiple-personality.html.

❸ Goleman, Daniel. "Probing the Enigma of Multiple Personality". *The New York Times*, October 22, 2014. https://www.nytimes.com/1988/06/28/science/probing-the-enigma-of-multiple-personality.html.

Chapter 8

❶ Robbins, Anthony. *Awaken the Giant Within. New York: Simon* & Schuster, 1992.

❷ Antanaityte, *Mind Matters,*138.

❸ Hawkins, David. *Power vs force: the hidden determinates of human behavior*. California: Hay House Inc, 2014.

Chapter 9

❶ World Athletics. "Hall of Fame Profile- Edwin Moses (USA)." Worldathletics.com. 2012. https://www.worldathletics.org/news/news/hall-of-fame-profile-edwin-moses-usa

❷ Boren, Cindy. "'I straight wanted to die': Michael Phelps wants USOC to help athletes cope with depression". *The Washington Post,* March 29, 2018. https://www.washingtonpost.com/news/early-lead/wp/2018/03/28/i-straight-wanted-to-die-michael-phelps-wants-usoc-to-help-athletes-cope-with-depression/.

❸ Joseph, Jacqueline, dir. *Winning*. United States: JJ Unlimited Productions, 2016. Film.

Chapter 10

❶ Pronin, Emily, Christopher Y. Olivola, and Kathleen A. Kennedy. 2008. "Doing unto Future Selves as You Would Do unto Others: Psychological Distance and Decision Making." *Personality & Social Psychology Bulletin,* no. 2: 224. https://uccs.edu/Documents/ktomlin/Pronin,%20O-livola,%20Kennedy;%202008.pdf

❷ Hershfield, Hal E. "The Self over Time." *Current Opinion in Psychology* 26 (April 1, 2019): 72–75. doi:10.1016/j.copsyc.2018.06.004.

❸ Adler, Stella. *The art of acting.* New York: Applause books, 2000.

Chapter 11

❶ Winfrey, Oprah, producer. *What Oprah Learned from Jim Carrey: Oprah's Life Class- Oprah Winfrey Network.* 2011. Youtube. Online video, 3:49. https://www.youtube.com/watch?v=nPU5bjzLZX0

❷ Wamsley, Erin J., Matthew Tucker, Jessica D. Payne, Joseph A. Benavides, and Robert Stickgold. "Dreaming of a Learning Task Is Associated with Enhanced Sleep-Dependent Memory Consolidation." *Current Biology,* no. 9 (2010): 850-855

❸ Mylett, Ed. "Visualise Your Victory W/ Phil Mickelson." 19 May, 2020. In *the Ed Mylett Show.* Produced by Ed Mylett. Podcast, MP3 audio, 53:00.

❹ Gundry, Steven. "What to do When EVERYTHING is Falling Apart." May 11, 2020.In *The Dr Gundry Podcast.* Produced by Steven Gundry. Podcast, MPS audio, 52:00

❺ Beilock, Sian, lecturer. *Why we choke under Pressure- and How to Avoid it*. 2018. TED. Online video, 15:14. https://www.youtube.com/watch?v=OrB9JBEk1ds.

❻ Allen David. *Getting Things Done: The Art of Stress- Free Productivity*. New York: Penguin Books, 2001.

❼ Bokhari, Dean. *Meaningfulhq*. "The Power of Focusing on What You Want (How Your Brain's Reticular Activating System Functions in Your Favor)", (blog). Posted 2019. Accessed October 21, 2019. https://www.meaningfulhq.com/reticular-activating-system-function.html.

❽ Vince, Gaia. *AlexandraTechLA & Consulting*. "There's a single nerve that connects all of your vital organs – and it might just be the future of medicine", (blog). Posted August 26, 2015. Accessed October 21, 2019. http://alexandertechla.com/theres-a-single-nerve-that-connects-all-of-your-vital-organs-and-it-might-just-be-the-future-of-medicine/.

國家圖書館出版品預行編目(CIP)資料

沒有目標的那一年,我實現了理想生活：內心渴望比計畫更強大！「超前感受」夢想實現的喜悅，你的行動將完全不一樣/伊莉莎白.古爾德(Elizabeth Gould)著；謝明珊譯. -- 初版. -- 新北市：大樹林出版社, 2022.04
面；　公分. -- (心裡話；12)
譯自：Feeling forwards：how to become the person who has the life you want
ISBN 978-626-95413-4-8(平裝)

1.CST: 自我實現 2.CST: 成功法

177.2　　111002771

心裡話 9

# 沒有目標的那一年，我實現了理想生活

：內心渴望比計畫更強大！「超前感受」夢想實現的喜悅，你的行動將完全不一樣

作　　者／伊莉莎白・古爾德（Elizabeth Gould）
翻　　譯／謝明珊
總 編 輯／彭文富
主　　編／黃懿慧
校　　對／楊心怡、邱月亭
封面設計／Ancy Pi
排　　版／菩薩蠻數位文化有限公司

出 版 者／大樹林出版社
營業地址／23357 新北市中和區中山路2段530號6樓之1
通訊地址／23586 新北市中和區中正路872號6樓之2
電　　話／(02) 2222-7270　　傳　　真／(02) 2222-1270
E-mail／notime.chung@msa.hinet.net
官　　網／www.gwclass.com
Facebook／www.facebook.com/bigtreebook

發 行 人／彭文富
劃撥帳號／18746459　　戶　　名／大樹林出版社
總 經 銷／知遠文化事業有限公司
地　　址／新北市深坑區北深路 3 段 155 巷 25 號 5 樓
電　　話／02-2664-8800　　傳　　真／02-2664-8801
初　　版／2022年04月

大樹林學院

Line 社群

微信社群



定價／420 元　港幣／140 元　ISBN／978-626-95413-4-8　版權所有，翻印必究
◎本書如有缺頁、破損、裝訂錯誤，請寄回本公司更換　Printed in Taiwan
◎本書為單色印刷的繁體正版，若有疑慮，請加入 Line 或微信社群洽詢。